MY TIME

マイタイム
MY TIME

Copyright © 2018 by Monika Luukkonen
Photographs © Katariina Jarvinen and Janika Pasma
Original Japanese edition published by Discover 21, Inc., Tokyo, Japan
Korean edition published by arrangement with Discover 21, Inc.
through Gaon Agency.
Korean translation copyright © 2020 by Bookers(imprint of EUMAKSEKYE)

이 책의 한국어판 저작권은 HonnoKizuna, Inc., Tokyo와 가온 에이전시를 통한
Discover 21, Inc.와의 독점계약으로 북커스에 있습니다.
저작권법에 의해 한국내에서 보호를 받는 저작물이므로 무단전재와 무단복제를 금합니다.

오롯이 내가 되는 시간

MY TIME

모니카 루꼬넨
박선형 옮김

BOOKERS

당신의 '마이타임'은 어떤가요?

'마이타임'이란 자신을 위한 시간을 말하지요. 회사 업무도 집안일도, 물론 가족을 위한 시간도 아닌 예를 들면 취미에 몰두하거나 운동을 하거나 독서를 하거나 차를 마시며 여유를 느끼거나 친구와 수다를 떨거나 하는 등.

"그런 여유부릴 시간은 없어!"라는 분은 업무와 육아에 쫓기거나 가족들을 보살피느라 여념이 없는 것일까요. 업무나 육아에 전념하다보면 어쩔 수 없이 '마이타임'을 가지기 힘들지 않을까 싶습니다.

저는 핀란드 사람이지만 일본에서 생활했던 경험이 있어 일본의 문화나 일본인의 성향과 이웃나라 한국과 대만의 사회 사정을 조금은 파악하고 있습니다. 특히 제가 느낀 한국인, 일본인은 매사에 너무 열심히 노력하는 경향이 있어 보입니다. 그런 연유로 이 책에서는 아무리 바쁠지라도 '마이타임'의 필요성을 알리고 방법을 전수하고자 합니다.

| '마이타임'이란? |

'마이타임'이란, 간략하게 정의하자면 <u>업무나 가정의 책임으로부터 벗어나 자신에게 투자하는 시간</u>을 말합니다. 몇 가지 예를 들어볼까요?

- 친구와 함께 보내기
- 운동하기
- 자연이나 예술을 감상하기
- 취미에 몰두하기

시간을 보내는 방법은 각자 달라도 괜찮습니다. 자신이 가장 편안함을 느낄 수 있고 자신에게 의미가 있는 일을 하면 되는 것입니다. 제 주변 핀란드 사람들도 런닝, 워킹,

요가, 에어로빅, 배드민턴, 피트니스 등 운동에 취미를 가지고, 또 외국어를 배우거나 야외에서의 시간을 즐기고, 친구와 함께 시간을 보내는 등 저마다의 다양한 취향을 가집니다.

│ '마이타임'이 주는 이점은? │

'마이타임'을 소중히 하면 삶에 다양한 선순환이 생깁니다.

❶ 충전할 수 있다

가정이나 업무에서 벗어나 오롯이 자신을 들여다보고 앞으로 나아갈 방향을 생각해보는 시간을 가질 수 있습니다.

❷ 자기계발을 할 수 있다

새로운 것을 배우거나 다양한 만남을 통해 교류의 장을 넓힘으로써 새로운 시각으로 바라보며 성장할 수 있습니다.

❸ 건전한 인간관계를 유지할 수 있다

가족이나 직장 동료와의 관계에만 연연하지 않고 친구와 지인과의 깊이 있는 관계를 만들 수 있습니다.

❹ 건강한 삶이 된다

운동, 산책을 하면서 보다 건강한 삶을 만들 수 있습니다.

❺ 좋은 부모, 좋은 배우자, 좋은 사회인이 된다

가장 중요한 부분으로 '마이타임'은 건강한 정신을 일깨워 가족을 배려하게 되며, 업무에서도 일의 능률이 오르고 사회적인 관심을 갖게 되기도 합니다.

| 왜 핀란드인은 '마이타임'을 중요하게 여기나? |

'마이타임'을 중요하게 여기는 사고는 핀란드에서도 비교적 새로운 패러다임입니다. 현재 육아를 시작한 세대(1970년대 생 이후)의 발상이지 않을까 싶습니다. 맞벌이였던 부모님 세대에서도 '마이타임'이라는 사고는 없었고, 조부모 세대 역시 그 개념조차 연상할 수 없었을 테지요.

그런데 어째서 우리들 세대에 들어와서 '마이타임'에 관심을 가지게 되었을까? 그 이유는 두 가지 사회적인 변화와 관련 있습니다.

우선은 부모님 세대에서는 일반적이었던 종신고용이 사라지고 대다수의 사람들이 여러 가지 일을 하게 되었다는 점입니다. 자유로운 환경 대신 동시에 여러 일을 해내지 않으면 안 되는 스트레스와 언제 해고될지 모르는 불안 따위에서 복잡한 부담감이 생기게 되지요.

다른 하나는 옛날에 비해 아이의 공교육, 사교육에 부모가 관여하는 경우가 늘어난 점입니다. 그 결과 업무에 더해진 집안일, 아이들 챙기기, 부모의 간병 등 개인이 짊어질 짐이 늘어나 부담이 커져버린 것입니다.

수많은 책임을 개인으로서 짊어지게 되면서 그것들로부터 자유로워지고 자신을 위해 투자하는 시간이 상대적으로 무척 중요해졌습니다. '마이타임'으로 업무와 생활의 균형을 유지하고 때로는 기분전환을 도모하려는 것입니다.

근래에 들어서야 '마이타임'의 중요성이 폭넓게 인식되어 제 친구들 사이에서도 자연스럽게 화제가 되거나 서로 다양한 의견을 나누게 되었습니다.

핀란드는 한국보다 십여 년 빠르게 저출산, 고령화가 진행되어 맞벌이 세대는 전체 가정의 80퍼센트를 넘고 있습니다. 두 나라의 노동환경이나 사회사정은 다르지만 그럼에도 참고가 되는 무언가가 있지 않을까 하는 확신이 듭니다.

사실 저는 홀로 딸을 키우면서 수년 전부터 고령의 아버지를 보살피고 있습니다. 매일 정신없이 바쁘게 지내고 있지요. 그럼에도 '마이타임'을 포기하지 않고 있고 다양한 방법으로 나만의 시간을 만들어 내어 생활의 균형을 유지하고 있답니다.

이 책에서는 지금까지의 경험한 것들과 핀란드의 삶 속에서 '마이타임'을 만들기 위한 방법, 마음가짐을 전달하고 싶습니다. 한국 독자 여러분의 각자의 일이나 가정환경이 다를 수 있겠지만 만일 지금 "나는 마이타임이 없어", "마이타임을 갖고 싶어"라는 생각이 드신다면 부디 참고로 삼아 조금이나마 도움이 되신다면 더없이 기쁠 것 같습니다.

핀란드 라이프스타일 전문가
모니카 루꼬넨

1장
자신을 더욱 소중히 생각하는 시간
'마이타임'을 시작하는 방법

조금은 멋대로 해본다

"물론 자신의 시간을 가질 수 있다면 좋겠지요. 하지만 나에겐 어려운 일일지도"라는 분들이 많지 않을까요. 집안일이나 업무 프로젝트, 자녀를 등교 혹은 등원시키는 등 해야할 일은 산더미이니까요. 이처럼 '마이타임'에 있어서 가장 큰 장애가 되는 것은 "마이타임을 가지고 싶다는 생각 자체가 이기적인 것은 아닐지?"라는 마음입니다.

육아 또는 간병을 하다보면 일상 속에서 '자신 이외의 사람들을 위해 최선을 다한다'라는 책임감이 무거운 짐으로 다가옵니다. 물론 이는 결코 나쁜 것만은 아닙니다. 저도 주변 사람들을 돕고 협력하면서 봉사활동도 하곤 합니다. 하지만 이때 중요한 것은 균형을 유지하는 생활을 한다는 점이지요. 일, 가정, 가족이 중요하듯 '마이타임'도 중요한 것입니다.

그러니 조금은 멋대로 해보세요. 여러 책임을 짊어지고 있지만 정작 자신의 인생과 건강, 꿈에 대해 생각하는 시간을 가지지 않게 되지요? 편안하게 휴식을 취하고 충전할 수 있도록 조금만이라도 자신에게 투자해보는 것은 어떨지요. 한번밖에 없는 인생인데 자신을 위한 시간을 갖지 못한다니, 너무 안타깝잖아요!

또 얼핏 보면 제멋대로인 사람처럼 보일지라도 어쩌면 자신을 잘 알고 제대로 자기관리를 하고 있기에 당당하게 '제멋대로'인 모습을 보여주지 않을까 싶어요.

예를 들면 가족들이 모두 바쁜 와중에도 피트니스 센터를 하루도 거르지 않고 다니는 엄마가 겉보기에는 이기적으로 보일 수도 있겠지요. 하지만 넓은 시각에서 보면 엄마의 입장에서는 자신의 건강과 몸을 신경 쓰는 것은 무척 중요한 일입니다. 그녀가 건강해야 가정, 일 모두 제대로 해낼 수 있으니까요.

무언가 하고자 하는 것이 있으면 누가 뭐라 해도 자신의 인생을 최우선으로 생각해서 '멋대로' 해보는 마음가짐이 필요합니다.

다른 사람이 아닌 오로지 나만이 내 자신을 위해 멋대로 할 수 있는 것입니다. 나를 위해 나다운 모습으로 일어서 움직여 보세요.

저는 운동을 하는 시간에 집안 청소를 하거나 밀린 일을 할 수 있다고 해도 "야외의 신선한 공기를 마시며 워킹을 하고 건강을 지키는 쪽이 중요해"라고 항상 되뇌며 나를 위해 운동을 합니다.

│ 아이에게도 부모가 자신을 소중히 여기는 모습을 보여준다 │

아이에게 부모가 '마이타임'을 자연스럽게 갖는 모습을 보이면, 아이도 자신을 소중히 여기는 습관이 몸에 익게 될 것입니다. 운동, 친구와의 교류, 평생 교육 코스, 새로운 도전, 독서, 규칙적인 수면시간을 확보하는 등 부모가 하는 모든 행동을 아이들은 보고 자랍니다.

어른과 아이를 구분지어 생활하는 것은 아이에게 있어서 어쩌면 혹독하게 받아들여질 수 있습니다. 물론 부모에게 있어서도 그렇지요. 그런데 핀란드 소아정신과 전문의 야리 신꼬넨jari sinkkonen은 "어른과 아이를 별개로 여기는 것은 아이의 성장 면에서 보면 매우 중요하다."라고 합니다. "아이는 때로는 외부인이 되어 세대의 차이를 경험할 필요가 있다."라고 말합니다.

물론 제 딸에게 "또 나가?"라는 말을 들으면 워킹이나 요가에 나갈 준비를 하면서 죄책감을 느낄 때가 많지요. 하지만 운동을 끝내고 몸과 마음이 편안해져서 집으로 돌아오면 자신을 위해 좋은 일을 했다는 만족감이 생겨 더욱 딸을 위해 신경을 쓰게 되고 잘 보살피게 됩니다.

'마이타임'을 가지게 되면 자신의 몸과 마음에 좋은 영향을 주는 것만이 아닌 가족을 위해서도 좋은 영향을 준다는 믿는 마음이 중요합니다.

| 일, 가족, '마이타임'의 균형이 중요하다 |

꽃과 풀이 힘껏 성장하기 위해서는 영양과 물, 햇볕, 공기 등이 필요하듯이 인간의 건강도 충분한 수면과 영양가 있는 식사, 적당한 운동으로 유지됩니다. 정신적인 균형도 마찬가지이죠. 만족스러운 업무, 가족과의 여유로운 시간,

그리고 자신만을 위한 시간, 이 세 가지의 균형을 유지했을 때 건강한 일상을 보낼 수 있습니다. 이 중 하나라도 특별히 많아지거나 하면 안 됩니다.

핀란드에서는 사회체제로서 집안일이나 육아를 여성에게만 맡기지 않고 남편이나 아이들에게 분담하고 있어서 어느 정도는 일상의 균형이 유지될 수 있다고 봅니다.

여성도 일을 하고 바쁘니까 집을 특별히 깨끗하게 유지해야 한다거나 빈번하게 홈파티를 하거나 하지 않고, 집안일에 대해서도 어떤 의미로는 대충하는 경향이 있습니다. 친구 집에 초대를 받아 가더라도 "미안, 제대로 치우지 못했어. 바빠서, 이해하지?"라는 인사로 맞이하는 경우가 더러 있습니다. 그렇다고 핀란드의 모든 집이 심각하게 더럽고 정리가 안 되어있다는 말이 아닙니다. 그러나 대부분의 핀란드인들은 예쁘게 정리된 집을 우선순위에 두고 있지는 않습니다.

건강한 몸과 마음을 유지하고 질병에 걸리지 않고 오래 살기 위해서는 균형이야말로 가장 중요한 키워드이자, 도전이기도 합니다.

우선 스스로의 생활을 살펴보도록 합시다. 하지 않아도

될 일로 하루하루가 버겁지는 않은가요? 그런데 그 일을 전부 완벽하게 해낼 필요가 있을까요?

틈만 나면 가족을 위한 시간을 일부러 만들어내야 한다고 생각할지 모르겠지만, 자신을 위한 시간이야말로 반드시 가족관계에도 좋은 영향을 줄 수 있음을 잊지 말아야합니다.

바쁠수록 자신을 소중히 여긴다

육아나 집안일 등 해야 할 일로 분주한 생활일수록 자신을 돌보는 일은 뒷전일 때가 많습니다. 밤에는 피곤한 나머지 운동은 건너뛰고 끝나지 않은 업무를 집에서까지 해야 하는데다 신경이 곤두선 채 잠이 쉽게 들지는 않는 등 이유도 가지가지입니다.

하지만 바쁠수록 보다 자신을 소중히 여겨야 합니다. 바쁘니까 더욱 자신을 챙기고 돌봐야 하는 것이지요. 분주한 탓에 운동할 시간은 없는데다 패스트푸드를 주로 찾게 되고 늦은 저녁을 대신해 술자리를 갖기 일쑤이지요. 그렇게 최악의 습관은 만들어집니다.

거듭 강조하고 싶은 말은, 바쁠수록 자기관리는 더욱 중요합니다. 다음의 셀프케어를 잊지 말고 실천해 보세요.

① 일상적 운동

운동을 함으로써 스트레스가 완화되고 동시에 건강한 심신을 갖게 되면서 긍정적인 사고가 가능해집니다.

② 충분한 수면

수면부족은 만병의 근원이라고 할 수 있습니다. 업무의 효율도 떨어지게 되고 기분도 가라앉게 됩니다. 자녀가 신생아이면 특히 엄마는 수면부족이 될 수 있으므로 남편이나 가족들의 도움을 받아 되도록 충분한 수면을 취하도록 합니다.

③ 균형 잡힌 건강한 식사

건강한 식사는 식물에게 있어서 물이나 태양이 없어서는 안 되듯이 인간에게도 반드시 필요한 요소입니다.

건강한 생활에 따라 스트레스 감소, 균형 잡힌 일상 속에서 오롯이 나를 위한 시간을 만듭니다. 일에만 너무 매여 있으면 시간이 없다는 이유로 정신없을 때가 많아지지요.

하지만 제대로 스케줄을 짜서 생활을 관리하면 아무리 바빠도 건강을 유지하기 위한 좋은 균형을 찾을 수 있습니다.

하고자 하는 것에 대한 강한 희망과 의지, 그리고 자신의 인생을 밝고 건강하게 만들고자 하는 결의에 찬 마음가짐이 무엇보다 중요합니다.

| **어린 자녀의 부모일수록 '마이타임'이 필요하다** |

그밖에도 친구들과 교류하거나 생활을 즐기거나 하는 마음의 여유를 가지는 시간이 필요합니다. 즐거운 일, 심신이 쉴 수 있는 방법은 사람마다 각자 다르므로 자신의 취향에 따라 찾아보기를 권합니다. 예컨대 독서를 좋아하는 사람, 음악 감상을 즐기는 사람, 자연 속에서의 시간을 선호하는 사람도 있겠지요. 반대로 많은 사람이 모여 식사하기를 즐기는 사람도 있을 테지요. 얼마든지 취향은 다를 수 있어요. 핀란드 사람의 대부분은 "혼자서 보내는 시간이 중요하다."고 말합니다. 혼자가 되어 조용하게 지내면서 감각을 일깨웁니다.

특히 어린 자녀가 있는 부모일수록 '마이타임'이 필요합니다. 여러분은 어떤가요? 거듭 강조하지만 우선 자신을 돌봐야 함을 잊지 마세요. 그렇지 않으면 타인을 보살피는 일에 책임을 지고 일하기 힘들어집니다. 시간에 쫓겨 분주할수록 자신의 시간을 소중히 해야 합니다. 타인이나 가족만을 생각하거나 일에만 몰두하면서 자신을 소홀히 하면 안 되는 사실을 명심해야 합니다. 당신은 모두에게 필요한 존재이니까요.

'하고 싶은 리스트'를 만든다

'마임타임'을 가지려면 어쩌면 수많은 용기가 필요합니다. 우선 정말로 '자신을 위한 시간을 할애할 것'이라는 의식을 가져야 합니다. 처음에는 다소 의기소침해질수도 있겠지요. 취침시간 이외의 대부분의 시간을 타인을 위해 보내던 것에 익숙한 당신이 '자신을 위해서만' 시간을 오롯이 보내게 되니까요. 그렇기에 시도하려면 우선 용기가 필요한 것이지요.

| '시범적으로 혼자만의 시간'을 만든다 |

최종적으로는 일상에서 '마이타임'을 가지는 것을 목표로 두지만, 일단 우선은 '시범적으로 혼자만의 시간'을 만들어보세요. 긴 시간일 필요는 없으므로 자녀가 있다면 아이가 잠든 시간이나 가족이 아이를 돌보고 있을 시간, 30분 또는 1시간이라도 잠시 시간을 갖도록 합니다.

혼자 있을 때 여러분은 어떤 생각을 하게 되나요? 해방감에 빠져들기만 하나요? 어쩌면 두렵게 느껴지기도 하고 외로워질지도 모르겠습니다. 또는 행복함을 느끼면서 만족함, 두근거리는 설렘, 그러면서도 가족에게 미안한 마음이 들어 죄책감이 밀려오기도 하겠지요. 어쨌거나 단순한 감정은 아닌 미묘한 감정들이 뒤섞일 것입니다.

반가운 점이라면 오랜만에 자신의 진정한 마음의 소리를 듣게 되는 것입니다. 또 일상에 대해 되돌아보면서 미래에 대한 생각을 깊이 있게 해보는 시간을 갖게 되겠지요. 동시에 자신의 일상의 책임에서 벗어나 잠시나마 숨을 돌릴 수 있을 것입니다. 그리고 '앞으로 나만의 시간을 가져보기'라는 목표에 대해 제대로 생각해보게 될지도 모릅니다.

'마이타임'을 가지면 무엇부터 하고 싶은지 생각해봅시다. 그 다음 그동안 하고 싶다고 생각했던 것을 정리해 보도록 합니다.

어떤 장소에 가고 싶은지, 하고 싶은 것, 배우고 싶은 것이 있나요? 하나씩 그것들이 현실로 이루어지도록 시간을 만들어 갑니다.

'하고 싶은 것'이란 대단히 거창하고 훌륭할 필요는 없어요. 친구와 오랜만에 만나 여유로운 시간을 갖는다든지, 일주일에 한 번 정도는 혼자서 카페에서 티타임을 즐긴다든지 하는 사소한 것이라도 충분합니다.

제 경우에는 자주 산책을 합니다. 밤에는 삼가지만 안정을 주는 음악을 들으면서 계절의 변화를 느끼고 계절을 통해 다양한 향기와 아름다움을 온몸으로 느끼려고 합니다. 핀란드에서는 겨울은 오후가 되면 금세 깜깜해지고 눈이 자주 쌓여 길도 빙판이 됩니다. 여름은 비가 자주 내리거나 바람이 산들산들 불거나 하지요. 이러한 변화가 기분전환에 도움이 됩니다. 다소 불편하다고 느낄 수 있는 자연도 자연스럽게 받아들이고 크게 신경 쓰지 않게 됩니다. 이러한 시간을 보내다 보면 고민하던 문제의 해결법도 어느새 찾아지곤 합니다.

│ 자신의 의지나 마음의 소리에 귀를 기울이기 │

'마이타임'을 만들 용기를 가지는 것은 '자신을 소중히 하는 용기를 가진다'는 의미이기도 합니다.

새로운 취미를 갖게 되거나 자기발견을 하거나 새로운 사람을 만나거나 하는 것도 중요하지만 무엇보다 소중한 것은 혼자만의 시간을 가짐으로써 기분전환을 하고, 편안한 마음을 가질 수 있다는 점이지요.

다만 주의할 점은 '마이타임'이란 우연히 생긴 빈 시간을 보내는 것이 아닙니다. 현대사회에서는 취침 시간 이외의 모든 시간이 음악이나 소셜 네트워크, 통근 지옥, 직장에서 업무 미팅 등으로 채워져 있습니다. 일단 그것들로부터 떨어져서 생각해보도록 합시다. 그리고 자신의 의지나 마음가는대로 움직여 혼자만의 시간을 만들어봅니다.

4

자신의 시간 사용법을 검토해본다

이제 구체적인 방법을 통해 '마이타임'을 어떻게 만들어 가면 좋을지에 대해 소개하려고 합니다. 우선 당신이 평소에 어떤 일에 얼마만큼의 시간을 사용하고 있는지를 살펴봅시다. 그 가운데 나만의 시간은 얼마만큼 할애하고 있나요?

원 그래프 2개를 그려보고, 평일과 휴일의 일반적인 하루의 시간 사용법을 24시간으로 나눠 표현해 봅시다. 예를 들면 한 30대 여성(정규직 맞벌이, 3세 자녀 1명)의 경우, 다음 표와 같은 스케줄이 만들어집니다.

자녀가 아직 어리기 때문에 휴일은 거의 가족과 함께 보내게 되지요. 이처럼 표로 정리된다면, 대강이라도 좋으니 일주일 동안 각각의 시간에 무엇을 하는지 적어봅시다.

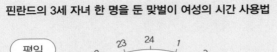

핀란드의 3세 자녀 한 명을 둔 맞벌이 여성의 시간 사용법

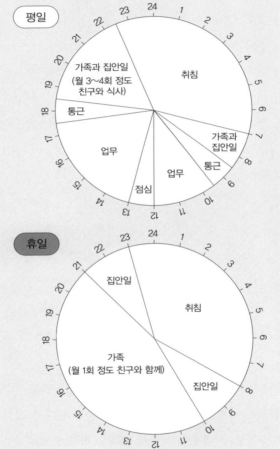

평일

가족과 집안일
(월 3~4회 정도
친구와 식사)

통근

업무

취침

가족과
집안일

통근

업무

점심

휴일

집안일

취침

가족
(월 1회 정도 친구와 함께)

집안일

예를 들면 앞서 소개한 여성의 경우 수면시간은 평균 8시간이므로 8시간 곱하기 7일로 계산하면 56시간, 1주일로 환산하면 168시간이므로 퍼센트로는 약 33퍼센트가 수면 시간이 되는 셈입니다.

마찬가지로 다른 시간도 대략적으로 산출해봅니다. 정확한 계산이 아니어도 괜찮습니다. 1주일에 1번 친구와 외식을 한다고 한다면 4시간 나누기 168시간에 100을 곱하는 식으로 말이지요.

표의 여성의 경우, 대략적으로 다음과 같은 수치가 나옵니다.

- 수면   33퍼센트

- 일   27퍼센트

- 가족 돌보기와 집안일   32퍼센트

- '마이타임' (친구와 외식)   8퍼센트

중요한 것은 이러한 시간들의 균형이 맞는지를 살펴봐야합니다. 각자 저마다의 적절한 균형이 있다고 봅니다. 다만 사례로 든 경우는 운동을 전혀 하지 않으므로 건강을

생각하는 쪽으로 검토를 해보면 좋을 것 같습니다. 그렇다면 여러분도 앞서 예로 든 표를 자신의 시간으로 채워 적용시켜 봅시다.

그리고 자신이 적은 표를 분석해봅니다. '마이타임'은 얼마만큼 차지하고 있나요? '마이타임'은 제대로 지켜지고 있나요?

이상적으로는 일, 가정(육아나 집안일), 수면, 그리고 '마이타임'이 균형 있게 배분되어 있어야겠지요. 하지만 이 '균형'에 대해서는 일이나 가정환경, 또 개인의 성격에 따라 달라지므로 어느 것이 옳다고 말할 수는 없습니다. 어느 정도 나만의 시간을 만들 수 있을지, 어느 정도 나만의 시간이 필요할지에 따라 달라지겠지요. 예컨대 주에 1시간 가족이나 일로부터 떨어져 잠시 운동하는 시간을 갖고 그 사이 남편이 아이를 보살펴주는 것으로 충분하다는 사람도 있습니다. 여러분 생활에 가장 적합한 균형을 찾아보시길 바랍니다.

제 경우는 나만의 시간을 매일 가져야 하는 타입입니다. 제게 균형 있는 생활이란 보람 있는 일을 하는 것과 딸과 지내는 시간을 충분히 가지는 것입니다. 운동할 시간을 가질 것 그리고 충분한 수면과 휴식을 취하는 시간을 가져야 합니다. '마이타임'의 시간과 공간을 적당히 가지고 사람과 교류하는 시간도 필요한 생활이라고 할 수 있습니다.

'마이타임'의 내용도 친구와 시간을 보내는 것 이외에 독서를 하거나 명상을 하거나 산책을 하거나 신작 영화를 보거나 콘서트를 보러 가거나 하는 등 다양합니다.

시간을 잘 보내는 방법을 돌이켜보니 여러분은 어떤가요? '마이타임'은 어느 정도를 차지하고 있었나요? 어느 정도의 시간이 여러분에게 적당했는지 파악이 되었을지 모르겠습니다. 이 책을 통해 함께 생각해 보는 시간을 갖게 되기를 바랍니다.

여러분의 시간 사용법을 표 안에 적어보세요.

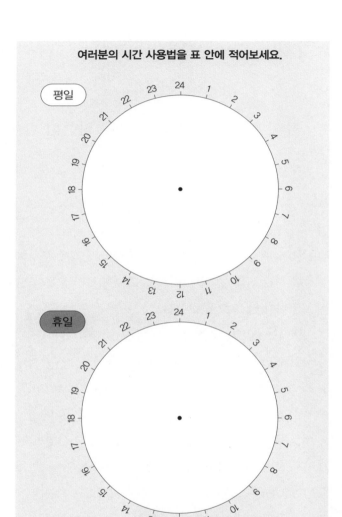

5

틈새 시간을 '마이타임'으로 만든다

"'마이타임'은 가지고 싶어요. 하지만 현실 문제에 부딪혀 도저히 시간을 낼 수 없네요."라는 고민을 가진 분들이 많아 보입니다. 저도 그랬으니까요.

이번에는 어떻게 내 시간을 만들지를 소개합니다.

포인트는 '틈새 시간'의 활용입니다. 통근시간이나 자녀들을 학원에 보낸 시간, 지금까지 무심코 흘려보냈던 시간에 주목하면, 얼마든지 '마이타임'을 만들 수 있습니다.

예를 들면 우리 집의 경우 딸이 어릴 때부터 다양한 관심사를 보여 여러 교습소에 다녔어요. 테니스, 음악, 발레 등이지요. 매주 교습소에 데려다 주고 기다리는 시간에 가만히 앉아있는 것이 아깝다는 생각이 들어서 야외에서 잠시 워킹을 하는 시간을 가지고 있습니다.

틈새 시간을 활용해 '마이타임'을 갖는 방법은 다양합니다.

- 자녀가 교습소에 간 시간에 피트니스 센터에 가거나 조깅하기, 또는 친구와 만나 티타임을 갖는다.
- 통근 시간이 긴 경우 독서를 한다.
- 자전거 통근으로 운동 시간을 갖는다.
- 집이나 회사에서 한 정거장 전에 내려 걷는다.
- 점심시간에 틈을 내 독서나 사색의 시간을 갖는다.

여러분도 가능할만한 것이 있다면 당장 내일부터 시작해보기를 권합니다.

아침을 '마이타임'으로 만든다

아침에 조금 일찍 일어나 나만의 시간을 만들어보는 선택지도 있습니다. 아이가 일어날 몇 시간 전에 일어나 미리 피트니스에 다녀오거나 조깅을 해두면 되는 것이지요. 아는 학부모 중에 네 명의 자녀가 일어나기 전 시간에 여유롭게 커피를 마시며 신문을 읽는 시간을 소중히 여긴다고 합니다. 또 어떤 남편은 5시에 일어나 정원의 원예 창고에서 소설이나 시를 쓴다고 하네요. 저마다 전문직을 가지고 분주한 삶을 살아가면서 아침에 일찍 일어나는 것으로 '마이타임'을 발견해나가고 있습니다.

하루의 시작인 아침은 머리가 가장 맑은 시간으로 창조적이며 생산적인 일이 가능한 때라고 알고 있습니다.

저는 본래 아침형은 아니지만 일찍 일어난 때는 제대로 활용하려고 합니다. 차가 아닌 자전거로 통근을 하면서 아침 강가를 달리며 상쾌한 기분을 만끽합니다. 강 표면은 맑은 날, 흐린 날, 바람이 강한 추운 날 등 모두 다른 모습을 띱니다. 겨울에는 꽁꽁 얼어버려서 차가운 바람을 맞으며 사이클링하면 볼은 새빨갛게 변하기도 하고요, 기러기나 백조가 날아다니는 모습을 감상하기도 합니다. 봄과 여름에는 새들의 지저귀는 소리가 울립니다. 매일 다른 모습이라 지루할 틈이 없어요. 이른 아침부터 이렇게 멋진 자연 체험을 할 수 있다면 하루의 기분이 좌우될 수 있겠지요. 물론 명상이나 요가도 적극 추천합니다.

다만 체내시계는 사람마다 제각각입니다. 저처럼 아침에 일찍 일어나는 것이 힘겨운 사람도 있으니까요. 아침 일찍 일어나는 것을 잘 하는 사람도 운동은 힘든 사람도 있기 마련이지요. 필요한 수면시간도 각각 다르므로 자신의 신체 상태와 정신 상태를 잘 파악해 가면서 여러 가지 시도해 보는 것을 권합니다. 절대 무리하지 말기를 바랍니다. '마이타임'을 갖는 가장 중요한 이유는 자신을 소중히 하려는 것이니까요.

7

밤을 '마이타임'으로 만든다

아침과 마찬가지로 밤을 나만의 시간으로 만드는 것도 가
능합니다. 밤은 질 높은 수면으로 이어지도록 급격한 운동
은 피하고 편안하게 안정을 취하면서 기분을 차분히 가라
앉히는 것이 중요합니다. 하고 싶은 것도 확실한 계획에 따
라 맞춰하기 보다는 유연성을 가질 수 있도록 합니다.

　밤에 '마이타임'을 가질 때 제 경우는 운동을 하고, 정신
적으로 편안함을 유지하며 몸의 건강을 신경 씁니다. 밤에
천천히 오래 걷고 요가를 하는 것을 좋아합니다. 일상적으
로 운동을 하고 있는 사람에게는 쉬는 것이 오히려 귀찮게
느껴질 수 있습니다. 그리고 아이들이 잠든 후에는 독서를
하거나 글을 쓰거나 합니다.

보통 회사가 늦게 끝나는 경우에는 아이들을 학원에 보낸 시간 동안 운동을 하는 것은 어려울 수 있겠지요. 하지만 아이들이 잠든 후라면 가능하지 않을까요?

　독서를 하거나 취미, 공부를 해보는 것도 좋을 듯합니다. 또 여유롭게 목욕 시간을 갖는 것은 어떨까요.

　다른 가족이 깨어 있다면 잠시 워킹이나 요가 강습에 다녀오는 것도 좋겠습니다. 가끔은 아이들 잠자리를 남편에게 맡기고 동네 친구와 밤 산책을 해보는 것도 즐거움 중 하나가 될 수 있겠지요. 나아가 직장 환경이 허락된다면 일주일에 하루 정도는 반차를 내어 보는 것도 추천합니다. 그 시간을 오롯이 나만을 위한 시간으로 삼을 수 있다면, 생각만으로도 설레지 않나요?

　하지만 이 모든 시간들을 균형 있게 유지하는 것이 중요합니다. 어떤 날은 갑자기 밤새 공부를 한다거나 해서 다음 날 수면부족으로 일에 지장을 주는 일이 없도록 자신의 몸과 마음을 잘 파악해서 시도해보기를 바랍니다.

8

'마이타임'도 스케줄에 넣는다

실제로 '마이타임'의 스케줄을 만들어보도록 합니다. 우선 대략적인 일주일의 계획 중에서 '마이타임'을 가질 수 있는 시간을 찾아봅니다.

월요일　딸이 테니스 교습을 하는 동안 1시간 워킹하기

화요일　딸이 수영을 배우는 동안 1시간 요가하기

목요일　밤에 딸이 잠든 시간에 집에서 명상하기

토요일　딸이 수영을 배우는 동안 1시간 워킹하기

일요일　딸이 친구와 놀고 있을 동안 도서관에 가기

집안일의 스케줄도 미리 만들어둡니다. 우리집의 경우

는 목요일은 청소, 주말은 세탁과 다리미질입니다. 이런 식으로 일주일 동안 대강의 스케줄을 정해 딸이 학원에 가있는 동안 나만을 위한 시간을 할애하는 것입니다.

다음으로 다른 하루를 예를 들어 소개할까 합니다. 일과 집안일을 하는 동안 잠시 비는 시간에 다음과 같은 나만의 시간을 만듭니다.

6:30	기상, 샤워, 아침식사
7:50	차로 출발, 딸을 학교에 데려다 줌
8:00	업무 시작*
8:15	딸의 학교 수업 시작(학교 시간표에 따라 다르지만, 딸은 학교에서 13시~14시 경에 버스로 귀가합니다)
16:30	귀가 후 저녁을 간단하게 만들어 먹기
17:00	집을 출발, 딸의 테니스 교실로 향하기
17:30~18:30	딸의 테니스 교실 (교실 주변을 산책하면서 1시간 정도 걷기)

---

*   핀란드는 보통 근무시간이 8시~16시까지입니다. 대부분의 유치원이 17시까지이므로 16시에는 퇴근을 하고, 부득이하게 일을 마치지 못할 때는 일단 퇴근하고, 다음날 아침 일찍 출근해서 처리합니다.

19:00~20:00	귀가, 샤워, 가벼운 식사
20:30	딸이 취침을 하면 독서 등 자유시간 갖기
22:00	취침

딸의 스케줄(학교나 학원 등)을 관리하는 것처럼 여러분도 가족들의 스케줄을 관리하고 있을 테지요. 그렇게 스케줄 관리를 하면서 자신을 위한 시간도 확보해두는 것을 추천합니다.

특히 저는 혼자 딸을 키우고 있어서 '마이타임'을 갖기 위해서는 상당히 창의적일 필요가 있습니다. 싱글맘이라는 이유만으로 하고 싶은 것들을 포기하는 삶을 살고 싶지 않기 때문이지요. 한번뿐인 인생이므로 여러 가지 경험을 해보고 싶은 마음은 저도 마찬가지입니다. 여성이 육아나 집안일을 하는 경우가 많아 정신없이 바쁘다는 점은 충분히 이해합니다. 본래 집안일이란 가족이 서로서로 분담해야 함이 당연합니다. 그럼에도 만일 "나만의 시간이 갖고 싶다."라고 진정으로 생각한다면 무조건 '안 될 거야'라며 포기하지 말고 조금만 창의적인 발상을 해보기를 권합니다. 시간을 만들어낼 기발한 생각은 분명 떠오를 테니까요.

여러분의 '마이타임'을 포함해 스케줄을 적어보세요.

- 일주일 중 가능한 마이타임

월요일	
화요일	
수요일	
목요일	
금요일	
토요일	
일요일	

- 하루 중 가능한 마이타임

시간	일과

아이와 함께 '마이타임'을 즐긴다

아이가 있으면 24시간 내내 함께 보내면서 그들의 관심사에 맞춰야만 한다고 생각하기 쉽습니다. 여러분이 하고자 하는 일에 아이도 함께 참여해보는 것도 가끔은 필요하지 않을까 싶습니다. 예를 들면 아이도 함께 즐길 수 있는 장소에 가본다든지 아이가 질리지 않아할 무언가를 준비해 간다면 좋을 것 같습니다.

저는 아이가 어릴 적에 유치원, 학교의 학부모들과 약속을 하고 아이들끼리는 서로 신나게 놀게 했지요. 서로 아이를 맡아주거나 집에서 재우거나 하기도 했어요. 이때 학부모들은 돌아가면서 각자 자유시간을 가질 수 있었습니다.

'마이타임'을 가지고 싶어도 육아도우미를 구하지 못한 경우, 포기하기 쉽지만 딸과 함께 독서회에 참가해보기도 했습니다. 딸에게도 친구와 시간을 보내는 엄마의 시간을 알려줄 수 있는 좋은 기회가 되기도 했지요.

그리고 딸이 조금씩 성장해 가면서 글쓰기 숙제 등을 하기 위해 도서관에 함께 데려가기 시작했습니다. 딸은 혼자 읽고 싶은 책을 읽거나 친구와 함께 마당에서 놀거나 합니다. 가끔 친구도 함께 데리고 가기도 하고요.

고학년이 되면서 점점 스스로 알아서 하게 되어 제가 신경 쓸 일이 줄어들면서 나를 위한 시간을 틈틈이 만들 수 있게 되었습니다. 최근 딸은 자주 근처의 친구 집에 가서 놀고 오기 때문에 그동안 저는 밖에서 오랜 시간 워킹을 하거나 집에서 요가를 하거나 합니다.

핀란드에서는 일을 하면서 육아도 병행하는 시기를 '러쉬 기간'이라고 합니다. 힘들어도 어떻게든 해낼 수 있는 이유는 그러한 러쉬 기간 동안에도 아이의 성장에 따라 조금씩 안정기에 접어들기 때문이겠지요. 러쉬 기간에 '마이타임'을 가지기는 결코 쉽지는 않습니다. 하지만 잠깐의 시간이라도 습관을 들여 지속해보도록 노력해보세요. 지금은 비록 작은 씨앗일지라도 분명 점점 육아가 익숙해짐에 따라 어느새 커다란 열매를 얻게 될 것입니다.

'마이타임'으로 아이와 함께 할 수 있는 것을 적어보세요.

ex. 함께 도서관에 가서 책 읽기

(10)

일에 대한 자세를 바꾼다

여러분 또는 여러분의 배우자는 매일 어느 정도 근무하나요? 앞서 소개한대로 핀란드인은 기본적으로 오후 4시에 일을 마치고 자녀들을 데리러 갑니다.

저는 일을 집에까지 끌어들이지 않으려 노력하고 주말에 일을 하지 않기로 정했습니다. 그렇게 함에 따라 일에서 얻는 피로감을 날리고 조금 더 오랫동안 일을 계속할 수 있는 원동력을 얻게 되는 것 같습니다. 오늘의 일을 오늘 중 마치지 못할 경우는 내일로 넘깁니다. 정말로 오늘 중에 반드시 완료하지 않으면 안 되는 업무는 그렇게 많지 않아서 가능합니다. 최선을 다해 효율적으로 업무시간 안에 하려고 하고, 시간이 끝나도 마치지 못한 일은 모두 내일까지 미뤄둡니다.

가장 중요한 것은 가족이며, 자신의 건강입니다. 물론 아이들을 데리러 가는 일도 늦어서는 안 되겠지요.

│ 북유럽식의 업무관념을 받아들이기 │

저는 일본에서 근무한 경험이 있어서 동양의 여러 나라 사람들이 얼마나 근면하게 업무에 종사하는지 익히 알고 있습니다. 하지만 업무 과다로 쓰러지지 않을까 걱정이 되기도 합니다. 그리고 그 과다한 업무가 '마이타임'을 갖기 어렵게 만드는 원인이 된다고 생각됩니다.

여러분의 나라와 핀란드의 직장환경이 다르다는 점은 충분히 알고 있지만 제 책을 선택하신 거라면 분명 북유럽식의 업무관념을 조금씩 받아들일 준비가 되어 있다고 생각됩니다.

❶ 인생, 일이 전부가 아닙니다

물론 일은 중요합니다. 하지만 그밖에도 중요한 일이 많습니다. 회사의 노예가 되어 건강과 가족을 소홀히 하지 않도록 신경쓰도록 합니다.

❷ 회사에 인생을 걸지 마세요

회사는 내 인생을 통째로 바칠 정도의 가치가 있는 것은 아닙니다. 사원이 한 명 부족하다 한들 회사는 잘 돌아갑니다. 그런데 가족은 어떤가요. 여러분이 없으면 절대 잘 돌아갈리 없습니다.

또 인생의 균형을 유지하는 것과 회사에 충성심을 가지는 것은 다르지 않습니다. 자신을 소중히 여기고 혹사시키지 않기 위해서 몸과 마음의 병에서 몸을 지켜내는 것도 회사에 대한 훌륭한 충성심이라는 점을 잊지 마세요.

❸ 시간이 아닌 성과를 중요하게 여깁니다

일에 있어서 중요한 것은 투자한 시간이 아닌 성과입니다. 즉 오랜 시간을 들이는 것이 아닌 얼마나 효과적으로 질 높은 일을 하는가에 달려 있습니다.

❹ 일, 가족, 스스로의 심신의 건강을 균형 있게 유지합니다

하루 24시간을 3등분해 8시간은 노동, 8시간은 가족, 나만의 시간 갖기, 강좌듣기, 통근시간 등, 나머지 8시간을 수면시간으로 정하는 것이 이상적이라고 봅니다. 직장을 벗어난 자유로운 시간은 업무의 능률을 높이기 위한 활력이 됩니다.

⑤ 돈은 모으기보다 쓰기가 중요합니다

일을 하면 돈이 들어오지만 그 돈을 어떻게 쓰느냐, 무엇에 쓰느냐가 중요합니다.

⑥ 육아를 하면서 경력을 쌓아 갈 수 있습니다

육아를 하면서 경력을 쌓는 일도 가능합니다. 일과 육아를 따로 구분지어 생각하지 마세요.

| 가족이 함께 일하는 방식을 개혁하다 |

다음과 같은 일의 방식에 대해 부디 가족이 모여 함께 이야기를 나눠보세요. 예컨대 여러분이 장기간 근무를 하지 않고 배우자가 회사일로 바쁘다면, 집안일이나 육아의 부담이 여러분에게만 가중되어 그로인해 점점 '마이타임'

을 만들 수 없는 상황이 되고, 생활의 균형을 유지하기가 어려워지게 됩니다.

핀란드의 부모는 교대로 아이들을 돌봅니다. 예를 들면 아빠가 아침에 유치원에 아이를 데려다주고 저녁은 엄마가 데리러 갑니다. 반대의 경우도 있지요. 핀란드의 비즈니스 잡지에 실린 관리직 비즈니스맨의 기사에서는 아이들의 교육에 적극적으로 참가하는 모습을 숱하게 볼 수 있습니다. 이는 어쩌면 핀란드에서만 가능한 광경일 수도 있지만 업무가 아무리 바쁘더라도 아이의 학교생활, 학원 교습 등에 부모로서 관여하고 싶은 것은 만국 공통이 아닐까요.

인생은 한번뿐이지만 그 대부분을 우리는 일을 하며 지냅니다. 그런 일에 어떻게 임하는지에 따라 여러분의 인생은 좌우된다고 해도 과언이 아닙니다. 인생에 있어서 가장 중요한 것은 무엇인지를 이번 기회에 한번 생각해보기를 바랍니다.

또 자신의 육체와 정신을 소중히 여기는 것은 결국 일에서도 성공을 이룰 수 있는 원동력이 되며 높은 생산성과 능률을 유지할 수 있게 됩니다. 제가 생각하는 바람직한 사원이란 근무시간에 열심히 일하고, 책임을 다하는 사원입니다. 동시에, 근무시간 이외의 시간에는 자신을 소중히 하려는 마음으로 수면시간도 제대로 가지고, 운동도 게을리하지 않으면서 가족과의 시간을 충분히 가지려고 노력하는 사람이야말로 진정으로 바람직한 모습의 사원이 아닐까 싶습니다. 그렇게 자신을 아끼는 습관을 들인 사람은 직장에서도 기분 좋게 주변 사람들과도 협력하면서 관계를 원만하게 만들어갈 여유가 있습니다.

중요한 것은 회사에 몇 시간 앉아 있을까가 아니라, 일 이외의 시간을 어떻게 사용하고 있느냐가 아닐까요. 이러한 균형감이야말로 여러분 스스로가 결정해 만들어가야 합니다.

11

유연하게 일한다

균형 잡힌 생활을 하려면 일하는 방법을 유연하게 만드는 것도 선택지의 하나가 됩니다. 특히 자녀가 어리거나 출산 후 바로 업무에 복귀한 경우에는 유연성을 발휘해야 합니다. 유연성이 있으면 여러분도 자신을 돌볼 시간과 체력이 생기기 마련입니다. 곧 인생은 균형이 중요한 것이지요.

핀란드에서 탄력적 근로시간제(flexible time, 출퇴근시간을 정하지 않고 어느 정도의 자유를 부여하는 노동시간관리제도)를 도입하고 있는 것은 지극히 일반적인 경우입니다. 이용하기 전에 미리 신청할 필요도 없어서 무척 자유롭습니다. 예를 들면 아이를 유치원에 데리러 가거나 할 때 일찍 퇴근할 수 있고, 회의를 하는 도중에도 "아이를 데리러 가야해서"라는 이유라면 누구도 반대하거나 불평을 하는 사람이 없습니다.

아이가 어릴 때는 재택근무도 가능합니다. 핀란드의 대다수의 회사에서는 육아연대지원을 위한 체제가 마련되어 있습니다. 자녀가 없이 집에서 일하는 경우도 마찬가지여서, 모든 사원이 보다 일하는 기쁨을 느낄 수 있고 일에 대한 만족도를 높일 수 있다는 조사결과가 있습니다. 일만 제대로 열심히 하면 어디에서 해도 문제될 것이 없다는 개념이지요. 플렉시블 타임만큼 일반적이지는 않아도 최근에는 조금씩 인식이 바뀌고 있는 듯합니다.

그밖에도 핀란드에서는 자녀가 성장해서 복직을 하거나 계약직으로 일을 하거나 자신의 회사를 창업하거나 하는 등 다양한 업무 체제를 유연한 자세로 받아들이는 경향이 있다고 생각합니다. 또 자신의 생활 패턴에 맞는 직장을 찾기 위해 수차례 이직을 하는 사람도 늘어나고 있는 추세입니다. 세계의 경향으로 보면 종신고용은 과거의 제도가 되어버렸듯이 유연한 자세와 사고를 가지고 일과 가정의 균형을 맞춰가는 일하는 방식을 각자의 인생의 계획 단계에 맞춰 발견해 가기를 바랍니다.

12

자신의 인생을 자유롭게 조절한다

외부의 정보를 어떻게 받아들일지에 대해 검토해볼 필요가 있습니다. 우리들은 매일 다양한 정보에 노출되어 영향을 받으며 살아가고 있지요. 방송, 광고 등의 미디어로 "이것이 바로 완벽한 옷, 집, 생활"이라고 무의식 중에 강요를 받고 있습니다. 나아가 그것을 추구하려고 노력하거나 물건을 사들이거나 하는지도 모릅니다. 그밖에도 사회의 관습 등으로 형식에 얽매인 생활을 이어가는 경우도 있어 보입니다. 일이나 가족, 집안일, 또 사회나 일상의 뉴스, SNS도 영향력을 가지고 있습니다. 가만히 방치해두면 이러한 것들로부터 나의 시간을 점령당하고 인생까지 지배당할지도 모릅니다.

최근 핀란드에서는 적극적으로 자신의 인생을 관리하려는 사람들이 생겨나고 있습니다. 예컨대 텔레비전을 없애고 보지 않거나 스스로 찾아서 뉴스나 원하는 방송을 보거나 합니다. 시간은 어느새 순식간에 지나가 버립니다. 미디어에 한눈팔려 흔들리게 되면 모든 시간을 SNS에만 허비하게 되겠지요. 정보에 휩쓸려 깊게 사고하지 못하고 그저 주는 대로 받아들이기만 하는 것입니다.

여러 요소와의 거리를 스스로 결정하다

여러분의 생활을 잠시 돌이켜보세요. 인터넷, 쇼핑, 뉴스, 텔레비전으로부터 조금 거리를 두고 보다 건설적인 일을 시작해보면 어떨까요. 오락이나 정보를 단순히 외부로부터 받아들이려는 것이 아니라 스스로 능동적으로 무언가를 시도해 보는 것입니다. '마이타임'의 확보, 운동, 자연에서 보내는 시간, 가족과의 시간을 마련하기, 새로운 것에 흥미를 가지고 시작해보기 등…, 찾아보면 많습니다.

제시하는 표에서 보면 다양한 여러 요소들이 여러분에게 영향을 주고 있는 것을 알 수 있습니다. 그것을 스스로가 요소에 대해 능동적으로 움직이도록 노력해보세요. 즉 무엇이 자신에게 영향을 주고 있는지, 그 영향은 어느 정도인지, 어느 요소가 인생에서 필요한지, 그것들 모두 여러분이 결정해야 할 것입니다. 수동적으로 흘려보내는 것이 아닌 스스로의 인생을 제대로 자신이 관리하고 "무엇에 시간을 쓸까"를 명확하게 정리해보는 것입니다. 여러분의 인생을 조정하는 것은 여러분 자신이니까요. 무엇을 할지, 무엇에 영향을 줄지는 여러분이 책임을 지고 선택합니다.

'마이타임'을 만들려면 당연히 시간이 필요합니다. 그렇기 위해서는 자신이 무엇을 받아들일지 판단해야 하겠지요. 인생은 보물과도 같습니다. 섬세한 꽃과도 같고요. 온라인 뉴스나 SNS로 묻혀버리게 두면 안 됩니다.

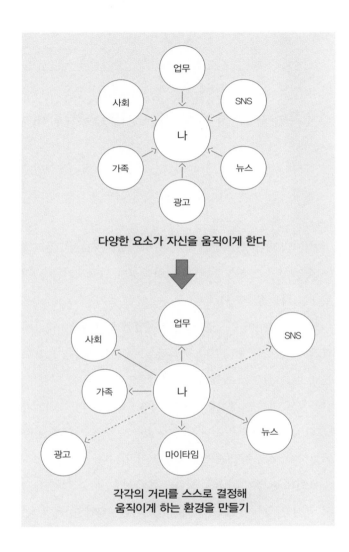

다양한 요소가 자신을 움직이게 한다

각각의 거리를 스스로 결정해
움직이게 하는 환경을 만들기

13

'여기까지 하면 된다'라는 기준을 정한다

일이나 집안일 등 일상생활 속에서 상당한 시간을 차지하는 작업은 스스로가 "여기까지 하면 된다."라는 기준을 새롭게 정해둘 필요가 있습니다.

명확한 기준이 없으면 장시간 잔업을 하기 일쑤이고, 제한 없이 청소를 한다거나 무작정 노령의 부모님을 보살피는데 많은 시간을 할애하거나 가족이나 아이들을 위한 시간을 중요하게만 생각하기 쉽습니다. 그 결과 너무 애쓰기만 한 나머지 쓰러지거나 여유가 없어져 주변 사람과 자주 충돌하게 되고 여러 문제들의 원인이 됩니다.

그런데 어떻게 기준을 정하면 좋을까요. 우선 생활 속에서 규칙을 만들어 보는 것입니다. 일이나 집안일, 육아, 병간호 등의 "OK 적정선"은 어느 정도인지 생각해봅시다.

어려운 판단일지도 모르지만 이 책을 읽는 여러분에게 강조하고 싶은 가장 중요한 작업 중 하나입니다. 이 판단을 정확히 내리게 되면 일단 그 기준에 따라 실천하면서 '마이타임' 나아가 여러분의 체력, 건강을 지켜낼 수 있게 됩니다.

특히 척박한 노동환경에서 이러한 기준을 정하는 것 자체가 어렵고 무리일 수 있습니다. 하지만 직장생활에 관해 생각해보길 바랍니다. 예를 들면 정말로 잔업을 할 필요가 있는지, 필요한 경우는 규칙을 만들고 주 몇 회, 몇 시간 가능한지 생각해 보세요. 일에 지배당하지 않도록 하기 위함입니다.

가정에서도 마찬가지입니다. "집안일은 여성의 몫"이라는 전통적인 관습이 아직 남아있다고 하지만 회사일도 집안일도 혼자서 모두 해내려고 하면 성실한 사람일수록 피로에 지쳐 쓰러질 것입니다. 무리하지 않는 범위에서 "OK 적정선"을 정해 배우자와 함께 분담해 나갑시다.

다음은 예시로 제가 정한 규칙을 소개합니다.

규칙 ❶ 잔업은 하지 않는다

잔업은 하지 않고, 주말에도 일하지 않습니다. 퇴근 시간에 정확하게 맞춰 일을 끝내고 집에 돌아와 저녁에는 메일 회신을 하지 않는데, 이 점에는 조금 자책감이 들지만 일로부터 완전하게 떨어져 시간을 가질 필요가 있다고 생각해서 결정한 것입니다. 일 이외의 시간도 제대로 보내는 것으로 몸과 마음이 편안해지고 창조적인 생각과 능률이 상승합니다.

규칙 ❷ 집안일을 할 때는 자신의 몸 상태를 최우선으로 한다

업무와 달리 어떤 일을 완료했는지 판단하는 것이 어려울 수 있는데요, 대표적인 것이 집안일입니다. 저는 무엇보다 먼저 "나에게 휴식이 필요한지"를 판단합니다. 저녁에 지쳐 피곤한 경우 무조건 집안일은 하지 않기로 하고, 정리만 단시간에 간단히 끝낸 후 식사도 가벼운 것으로 선택합니다. 집안일보다 수면시간이나 자기 전 운동을 최우선으로 둡니다.

규칙 ❸ 우선 아이와 나, 그 다음이 부모님

또 제 경우는 최근 6년간 연로하신 아버지를 돌보고 있습니다. 아버지가 지병으로 쓰러졌을 때 아버지 집에 들러 살펴보고, 은행 업무 등을 보고, 병간호를 했습니다. 그 무렵 딸이 어려서 이래저래 하루도 피곤하지 않은 날이 없었지요. 그런 저를 보고 아버지의 간병인은 이렇게 말해줬어요. "우선은 딸을 제일 먼저 생각하고 그 다음이 아버지", 다행히도 아버지의 상태가 조금씩 호전되어 점차 제 생활도 안정을 찾게 되었습니다. 지금도 일단 저 자신과 제 딸을 먼저 생각하고, 아버지는 여력이 있는 만큼 보살피려고 합니다. 그럼에도 역시 마음은 늘 걱정되고, 더욱 보살펴 드리지 못해 마음이 편하지 않습니다. 잊지 말아야 할 점은 자신을 소중히 여겨야 하는 점, 여러분도 부디 일이나 집안일의 규칙을 만들어 실천해보기를 바랍니다. 다음 장에서는 핀란드식 집안일과 육아의 방법을 더욱 구체적으로 소개해 보려고 합니다. 모쪼록 많은 참고가 되었으면 합니다.

14

'마이타임'에 대해
가족과 이야기를 나눈다

'마이타임'을 가지기 위해 중요한 것 중 하나는 가족의 이해입니다.

지금까지의 내용에서 "역시 나는 마이타임이 필요해!"라고 납득한 분들이라면 다음은 가족을 설득할 단계입니다.

│ 배우자와 서로 협력한다 │

우선 배우자와 '마이타임'의 소중함에 대해 인식을 공유해야 합니다. 회사일과 집안일로 체력이 고갈되지 않도록 각자가 '마이타임'을 가지고 스스로를 위하는 시간을 가지면 결과적으로는 가족이나 회사일, 배우자와의 관계에 바람직한 기운을 가져다줄 수 있습니다.

그리고 서로의 생활에 '마이타임'이 어느 정도를 차지하는지 대화를 나눌 필요가 있지요. 만일 배우자에게만 '마이타임'이 있고, 자신은 없다고 한다면 너무나 불공평하지요. 당신도 취미나 친구와의 시간을 가질 수 있도록 서로 절충하도록 합시다. 그런데 모두가 '마이타임'을 거의 가지지 못한 경우도 있습니다. 특히 아이가 어린 시기에는 그러기 쉽지요. 그 경우는 각자 어느 정도의 시간이 필요한지 무엇을 하고자 하는지를 서로 스스럼없이 대화를 하고 협력해 나가면 좋겠습니다.

핀란드 사람으로서 아시아의 많은 여성이 집안일이며 육아며 또 병간호며 그리고 회사일까지 병행하며 애쓰는 모습이 안타깝게 느껴집니다. 배우자나 아이들만 피트니스에서 운동을 하거나 문화센터에서 취미생활을 즐기거나 하는 것은 이해하기 힘듭니다. 여러분도 자신에게 눈을 돌려 휴식을 취할 필요가 있습니다. 배우자와 집안일과 육아를 분담하고 자신을 돌보는 시간을 조금 더 만들어 보세요. 스스로를 돌보지 않으면 심신이 고갈되어 건강을 해치게 됩니다. 여러분이 쓰러진다면 가정은 어떻게 될까요?

가족을 위해서 자신을 희생하는 것은 얼핏 보면 아름다워 보일 수는 있겠지요. 다만 가족의 문제만이 아닌 넓은 의미에서 사회문제이기도 합니다. 우리 모두가 함께 고민하고 해결해나가야 할 사항이 아닐까 싶습니다. 아시아의 많은 여성들은 전통적으로 옛날부터 지나친 책임감을 안고 살아갑니다. 자신을 희생하고 혹사시키는 인생은 아닌지 심각하게 고민해 봐야하지 않을까요.

부모라도 자신을 소중히 여겨야 한다

"마이타임은 부모에게 있어서 인간에게 있어서도 매우 중요하다."라고 딸에게 늘 이야기합니다. 최근에는 딸만 혼자 집에 두고 혼자 아침 조깅에 나가는 적도 있고 (휴대전화가 있어서 얼마나 다행인지 모르겠네요) 맡아줄 곳이 없으면 함께 마이타임을 갖기도 합니다. 그렇게 딸과 함께 모임에 참가한 적도 있습니다. 딸이 어른이 되었을 때 자신을 소중히 여기고 스스로를 보살피는 사람이 되었으면 하는 마음에 미리 보여주고 알려주는 것입니다. 운동을 하거나 일찍 잠자리에 드는 제 모습을 보고 "아, 엄마는 자기 관리를 철저히 하는구나."라고 느끼길 바라는 마음이랄까요.

또 딸과 잠시 떨어져 지내는 시간을 만드는 것은 스스로에게 또는 아이에게도 중요하다고 봅니다. 상대가 뭘 하고 있는지, 생각하는 시간은 분명 필요합니다. 떨어져 있다가 몇 시간 만에 만나면 서로 반갑고 부모나 아이나 모두 서로에 대한 관계성이 깊어지게 됩니다. 감사하는 마음이 생기기도 하겠지요. 항상 떨어지지 않고 붙어만 있다면 상대라는 존재가 그저 당연하게만 느껴지기 마련입니다.

핀란드에서는 엄마가 운동을 할 때 아빠가 아이들에게 "지금 엄마의 마이타임이니까 방해하지 말자."라고 설명하는 모습을 종종 볼 수 있습니다. '마이타임'을 통해 부모라도 자신을 소중히 한다는 점을 자연스럽게 이해하고, 스스로를 돌보고 스스로에게 책임을 지는 것에 대한 중요함을 가족 모두가 공유할 수 있기를 바랍니다.

15

주변 사람들과 서로 돕고 지낸다

핀란드 사회에서도 자녀를 둔 부모가 자신만의 시간을 가지게 된 것은 최근 일어난 움직임입니다. 하지만 일시적인 트렌드라기보다 제대로 정착한 생활의 일부가 되었습니다. 제 자신도 주변의 지인들도 현대인의 생활에서 당연한 움직임으로 인식되어 많은 부모들이 '마이타임'을 가지고 있습니다. 또 부모님 세대나 그 전 세대의 어른들 입장에서는 생각할 수 없는 일이라고 여길지 모르겠지만 '마이타임'에 대해 부모님 세대와 아이들과 함께 자연스럽게 의논하는 분위기입니다.

'마이타임'을 가지려면 배우자, 친구, 가족, 가사 도우미 등 주변 사람들의 협조가 반드시 필요합니다. 저도 육아 도우미, 딸 친구의 부모, 이웃 분들에게 많은 도움을 받고 있습니다.

그러면서 필연적으로 어른들 사이의 소통이 필요해집니다. 회사에서도 티타임을 할 때 마이타임의 소중함이나 마임타임을 어떻게 갖는지 서로 공유를 하며 좋아하는 운동 등 취미 활동에 대해 정보를 나눕니다.

핀란드에서는 부모가 가끔은 육아에서 벗어나는 것이 부모에게도 아이에게도 유익한 일로 인식되어있어서 누구도 죄책감을 느끼거나 하지 않습니다. 체력을 위해 운동을 하거나 자신의 경력 향상을 위해 세미나에 가거나 친구를 만나거나 하는 엄마에게 그 누구도 손가락질을 하지 않는 답니다. 여러분의 나라에서는 어떤가요? 혹시 아직도 눈총을 받는 분위기인가요? 특히 여러분의 부모님 세대에서는 전통적으로 육아에 전념해 아이들을 신봉하듯 바라봤기 때문에 그럴지도 모르겠네요. 하지만 지금 세대는 분명 달라졌으리라 믿습니다. 그런 움직임에 용기를 내어 변화에 동참하는 태도가 필요하지요.

'마이타임'에 관해서 회사 동료와 자연스럽게 이야기 나눈다는 사실은 어떤 의미로는 동료에게 "나는 자기관리를 중요시해.", "일이나 육아 이외에도 관심사가 많아.", "일이나 가족을 위해 스스로 건강을 챙기고 있어.", "자기계발에 항상 전념하지."라는 진취적인 메시지를 보낼 수 있다는 것이지요.

자신과 비슷한 가치관을 가진 사람을 만나면 반드시 '마이타임'에 대해 이야기 나눠 보세요. 그로부터 이야기가 시작되어 점차 새로운 교류가 생겨날 것입니다. 뜻밖에 도움이 되는 정보나 네트워크를 얻게 될지도 모릅니다.

일상을 들여다보다

'치안'하면 일본이 떠오를 정도로 일본의 치안은 특별하다고 생각합니다. 지하철에서 소매치기를 당할 걱정은 할 필요가 없는데, 제 경험으로는 심지어 지갑을 잃어버렸지만 돈이 들어있는 상태로 그대로 돌아오기도 했습니다. 유럽 여러 나라에서는 상상하기 힘든 일이지요. 일본에서 잠시 일했을 때 지하철 정기권을 잃어버려 당황했던 적이 있습니다. 그런데 며칠 후에 직장으로 연락이 왔고, 무사히 정기권이 제 앞으로 돌아왔었어요. 이처럼 일본에서는 서로 도와야한다는 의식이 강한 편이라는 생각이 들었습니다.

도쿄에 살았을 때 자주 달리기를 했었는데 겨울 어느 날 눈이 내리는 길을 달리다가 나뭇가지에 피어있는 빨간 동백이 눈에 띄었습니다. 핀란드에서는 눈이 내리는 시기에는 식물은 거의 발견할 수 없어서 눈이 녹으면서 봄이 되어서야 마침내 새순이 나오고 새로운 생명이 분출한다고 알고 있는데 일본에서는 눈이 내리는 시기에 동백꽃을 만나다니 정말 인상적이었습니다. 또 목련꽃은 어느 순간 갑자기 피어납니다. 핀란드에서 목련은 거의 볼 수 없는 꽃이어서 이렇게나 크고 아름다운 꽃이 잎 하나 없는 줄기에서 꽃만 만개하다니 신기하기만 했습니다. 이른 아침 절에서 들리는 고요한 종소리, 더운 여름날 시끄럽게 울려 퍼지는 매미 울음소리마저 잊을 수 없습니다.

여름밤도 좋아합니다. 핀란드의 여름은 깜깜한 밤이 되지는 않아서인지 깜깜한 하늘과 무더운 기운은 핀란드에는 없는 색다른 느낌이 들었습니다.

딸을 임신했을 무렵 영국에 살고 있었는데 마침 딸의 이름을 지어주려고 고민하고 있어서 작명에 관한 책을 이것저것 사서 살펴봤습니다. 그중에서 눈에 띈 이름이 '아마야'였어요.

한자로 적으면 '雨夜'가 되지요. 첫 아기이고 모든 것이 불안했고 앞으로 나의 생활이 어떻게 변화할지 두근거렸죠. 하지만 이 이름이라면 어쩌면 차분한 비처럼 안정감 있는 선한 아이가 태어나지 않을까 생각이 들었습니다. 제가 비를 좋아하는데다 마음에 안정을 주는 빗소리, 청량함, 맑은 공기, 아마도 그때 평안함이 필요했었는지도 모르겠습니다. 그리고 일본 이름으로 정한 이유는 잠시나마 마음의 고향이 되었던 일본을 기억하고 느낄 수 있는 이름이면 좋을 것 같았기 때문입니다. 그렇게 태어난 딸은 정말로 제 마음을 치유해주는 그런 아이입니다. 잘 먹고, 잘 자고, 뭐든지 알아서 잘 하는 그런 아이이지요.

에도시대의 승려였던 하이쿠 시인 료칸(良寬, 1758~1831)의 시를 읽으면 마음이 편안해집니다. 일본이 그리워질 때면 료칸의 시를 읽으며 그처럼 스스로를 자연 속에서 느끼려고 합니다. 료칸의 시는 자연을 있는 그대로 사랑하고 받아들이라고 가르칩니다. 꽃, 산, 비, 달 등 자연을 가까이에서 느끼고 겸허하게 받아들이며 살아가는 것을 말합니다. 여담이지만, 아마 제게 딸이 없었다면 승려가 되었을지도 모릅니다. 료칸의 삶이나 가치관을 깊이 느끼며 일상을 감사히 받아들이고 살아가고자 합니다.

'마이타임' 만들기

⟋ 자신에게 '마이타임'이란 어떤 의미인지 의식하고 생각해봅시다.

⟋ 나만의 시간을 가지는 것이 조금 망설여지는 경우에는 가벼운 산책부터 시작해봅니다.

⟋ 마음속으로 계속 하고 싶었던 일을 리스트로 적어봅니다.

⟋ '마이타임 희망 리스트'를 좀 더 구체적으로 만들어보세요. 그리고 그것들을 하나씩 현실이 되도록 나만의 시간을 만들어봅시다 (하고 싶은 일, 가고 싶은 장소, 배우고 싶은 것 등).

조금만 제멋대로 해보기

⟋ 자신은 뒷전인 채 남을 돌보는 것에만 신경 쓰지 않았는지 생각해봅니다.

⟋ 자신의 일상을 돌이켜보세요. 해야 할 일이 산더미인가요? 그런데 정말 모두 해야만 하는 일인지 살펴보세요. 불필요해 보이는 일 대신에 자신을 위해 좋아하는 일을 해보면 어떨까요?

⟋ 하고 싶은 일 중에서 주말에 무언가에 몰두해보면 어떨까요? 틈

새 시간을 가족을 위해서만 써야 한다고 생각할지 모르지만, 자신을 위한 시간은 반드시 가족과의 관계에서도 좋은 형태로 영향을 미칩니다. 부디 스스로를 믿어보세요.

타인보다 자신이 우선시되기

- 여러분이 편안하게 휴식을 취할 수 있는 방법을 리스트로 만들어보세요. 지금은 도저히 이룰 수 없을 정도의 꿈일지라도 일단 적어 둡니다. 정말 많이 피곤할 때 그것이 희망이 되기도 합니다.
- 목록에 쓴 일들을 일상에 적용해보세요. 일상적으로 실천할 수 있도록 합니다.
- 일상을 되돌아보며, 스스로 몇 명의 사람들을 돌아보는지 헤아려봅니다.
- 자신의 '한계'를 알리는 신호를 스스로 느낄 수 있는지 생각해보세요. 짊어진 일이 많아 두통에 시달리지는 않나요? 자주 발끈하고 사소한 일에 서운하기도 하고, 너무 지쳐 서글프거나 하지 않나요?

나의 인생, 더욱 알차게 만들어가기

✏ 매주 자신이 어떤 일에 얼마만큼의 시간을 소비하고 있는지 따져봅니다(업무, 청소나 집안일, 가족과의 시간, 수면 등 포함).

✏ 청소나 집안일에 소비하는 시간을 마이타임으로 돌릴 수 있는지 생각해보세요. 예를 들어 정리정돈의 기준을 낮추거나 가족과 집안일을 나눔으로써 자투리 시간을 가질 수 있지 않을까요?

✏ 청소를 할 필요가 없는 날은 그 시간에 무엇을 하나요?

✏ 청소는 간단히 하고, 남는 시간을 즐겨보는 건 어떨까요?

✏ 여러분의 인생을 충실하게 해주는 것은 무엇인가요?

나의 인생이므로 시간, 정보의 관리는 스스로 하기

✏ 객관적으로 자신의 삶을 평가해봅시다. SNS, 매체, 텔레비전에 시청 등에 얼마나 많은 시간을 들이나요?

✏ 여러분들이 진정으로 원하는 삶은 어떤 모습인가요? 나만의 시간을 만들기 위해서는 어떻게 하면 좋을지 생각해보세요.

✏ 앞으로 자신의 삶과 시간은 스스로 결정합니다. 우선 원을 그린

후 자신을 중심에 두고 화살표를 바깥 방향으로 그립니다. 두 개여도 괜찮습니다. 하나는 현대사회 속에서 자신이 요구되고 있는 모습이며, 나머지 하나는 사회를 제외한 자신이 본래 살고 싶은 삶의 모습으로 정합니다. 사회가 요구하는 자신의 인물상보다 자신이 바라는 삶의 방식 쪽이 멋지다고 느껴지지 않나요?

2장

자신을 재발견하는 시간
'마이타임'을 즐기는 방법

16

대강의 계획을 만들어둔다

이 장에서는 '마이타임'을 즐기는 방법에 대해 구체적으로 소개하고자 합니다.

거듭 강조했듯이 여러분이 휴식을 취할 수 있다면 무엇을 해도 좋지만 제가 제안하는 방법이 참고가 되기를 바라는 마음입니다.

예를 들면 일상적인 가벼운 운동이나 자연 속에서 시간을 보내는 것, 친구와의 수다, 그밖에도 일상생활에서 잠시 벗어나는 것, 보통 스스로 하지 않는 일을 시도해보는 것도 좋습니다. 평소에 가지 않던 미술관, 박물관, 스포츠 센터, 공원, 도서관, 새로운 취미 교실 등에 가보는 것이지요.

회사일과 상관없는 것을 하는 것만으로도 휴식을 느낄

수 있습니다. 업무가 예술이나 미디어에 관계한다면 아트와 관련 없는 것, 예를 들면 과학관련 책을 읽어본다든가 몸을 움직여 운동을 하는 것도 추천합니다. 또 처음 가보는 곳으로 여행을 떠난다든가 친구와 산행을 하는 것은 어떨지요. 자신의 생각이나 꿈을 재검토해보고 싶은 분이라면 주에 한 번 노트와 펜을 들고 카페에 가서 새로운 계획의 첫줄을 써보는 것은 어떨까요. 어쩌면 계속 하고자 했던 것을 우연히 발견하게 될지도 모릅니다.

중요한 점은 '마이타임'은 면밀하고 치밀하게 계획된 스케줄을 짜지 않는 것입니다. 스케줄을 완벽하게 짜버리면 그것을 지키려고 애쓰는 나머지 피곤하게 되고 스트레스를 받게 됩니다. 본래의 의미가 퇴색되지요. 유연하게 하고 싶은 것을 몇 개 골라 대략의 시간을 정해 해보는 것입니다. 저는 우선 가벼운 운동을 하고 다른 한 가지를 해봅니다. 예를 들면 지금 저는 책을 집필 중이므로 일상적으로는 워킹을 하면서 불교나 명상 관련 오디오 북을 듣고, 주 1회 요가를 배우고 있습니다. 가끔은 1시간 정도 아무것도 듣지 않고 조용히 머리를 쉬게 합니다. 반 년 정도 지나면 생활이나 습관도 변화할지도 모릅니다. 그때가 되면 자기계

발이나 비즈니스 책을 도전해볼까 합니다. 다만 나만의 시간이 생겼을 때 무엇을 할지 또는 하고 싶은지를 미리 정해두기를 권합니다. 그렇지 않으면 무심코 텔레비전을 보거나 SNS에 빠져들거나 하면서 시간을 허비하게 됩니다. 물론 '텔레비전 보기', 'SNS 업로드하기' 등으로 마이타임을 정했다면 괜찮습니다. 쏟아지는 정보와 뉴스에 어떻게 대응해 갈지, 정도를 정해두고 접한다면 문제되지는 않습니다.

얼마 전 딸이 저에게 "엄마는 항상 책을 가지고 다니네."라고 하더군요. 매일 무슨 일이 일어날지 모르고, 예상치 못한 시간이 생길 수도 있어서 항상 책을 챙겨둡니다. 가만히 아무것도 하지 않고 앉아서 기다리는 것을 싫어해서 그런 시간은 주로 독서를 합니다. 딸이 수영 강습에 참여하는 시간에 어떤 엄마는 항상 뜨개질을 하고 있더군요. 2년 동안 머플러, 양말, 스웨터를 몇 장을 만들었는지 감탄할 정도입니다.

17

일상적으로 운동을 한다

아이는 매일 몇 시간, 어른은 주 2~3회 일상적으로 운동을 하면 건강에 좋다고 합니다. 적당한 운동은 심장병, 암, 당뇨병, 비만, 그밖의 병을 막고 몸을 튼튼히 하고, 정신적인 안정을 가져다줍니다. 또 그룹이 모여 운동을 하면 친구, 가족 등과의 교류가 깊어지겠지요.

핀란드에서는 워킹, 노르딕 워킹(두 개의 막대를 쥐고 걷는 도보운동)이 인기가 높습니다. 이는 핀란드인에게 '운동은 곧 야외나 자연을 즐기는 일'이기 때문입니다. 석양의 풍경과 자연을 즐기면서 운동을 하는 기분은 최고의 휴식이 아닐 수 없지요.

여러분의 나라에서는 핀란드처럼 생활의 일환으로 운동

을 하는 습관은 없을지도 모르겠지만 제가 일본에서 생활했을 때는 저녁 8시에 귀가해서 그대로 조깅하러 나가거나 아침 일찍 일어나 출근 전에 조깅을 하거나 했습니다. 분주한 생활 속에서도 운동을 거르지 않으려고 상당한 자기관리에 노력했어야했지만 운동의 효과는 무엇과도 바꿀 수 없을 정도로 몸과 마음에 여유를 가져다주었습니다.

사무실에서의 긴 하루, 하루 종일 외근한 날, 많은 손님을 응대한 날, 가벼운 운동이 여러분의 몸과 마음을 풀어줄 것입니다. 업무가 끝나고 인파에 섞여 퇴근해 집에 돌아와서 편한 옷으로 갈아입고 슬렁슬렁 가까운 공원이나 둔치를 산책합니다. 그렇게 저녁부터 밤사이에 하는 운동은 몸을 재정비하게 만들어 수면을 유도하고 스트레스를 해소시킵니다. 즉 일할 의욕을 만들어내고 에너지를 충전시키지요. 또 여유로운 산책을 하면서 정신적으로도 안정감을 얻고 여러 문제를 해결하도록 생각의 전환을 도와주기도 합니다. 일상의 습관으로서 운동을 하는 것은 운동선수가 되려는 목적이 아니라 일상 속에서 식사를 하고, 자는 것과 마찬가지로 운동도 수행하는 것일 뿐입니다.

중요한 것은 육체적이나 정신적으로 지금의 자신에게 가장 맞는 운동을 발견하는 것입니다. 여러분이 느끼기에 마음에 들고 지금의 생활에 가장 적합한 것을 찾는 것이지요.

육체는 나이와 함께 변해가기 때문에 젊을 때 하던 운동이 지금도 적합하다고 하기는 힘듭니다. 또 나이가 들면서 운동을 통해 목표하는 몸도 달라집니다. 40대 이후는 근육이나 균형 감각을 유지하면서 잘 넘어지지 않도록 유연한 몸을 만드는 것이 중요합니다.

저는 혼자서 운동하기를 좋아합니다. 혼자서 조깅을 하고 혼자서 워킹을 하면서 머리를 맑게 하고 운동을 하는 동안 일이나 생활에서 고민했던 문제의 해결책을 찾아내기도 합니다.

혼자서 하는 운동을 꺼리는 분이라면 그룹 스포츠를 권합니다. 예를 들면 요가 교실, 피트니스 센터에서 그룹 운동 등, 새로운 우정이 생겨날지도 모르지요. 직장 동료와 함께 운동을 하는 경우도 있는데요, 축구팀을 만들거나 요가 교실을 함께 다니거나 조깅을 하거나 말이죠. 혼자가 힘들면 동료에게 권해서 함께해보는 것은 어떨까요?

반드시 운동에 돈을 투자할 필요는 없습니다. 운동복도 편한 옷에 편한 운동화라면 충분하지요. 특히 유산소운동으로 우선 오래 걷기를 권해드립니다. 워킹이나 조깅은 집에서 밖으로 나가기만 하면 되고 준비할 것이 없으므로 마음만 먹으면 할 수 있는 간단한 운동이 아닐까요. 또 회사에 출근할 때 자전거를 이용해 보는 것입니다. 또 회사에서 몇 정거장 전에 내려 집에 걸어서 돌아오는 것도 특별히 신경 쓰지 않고 실천할 수 있는 운동 방법입니다. 이것이 바로 핀란드식 운동법이지요. 통근 길을 평소와 다른 길로 바꿔 걸어보는 것, 가급적 계단을 이용해 걸어 다니는 등, 일상 속에서 편하게 접근할 수 있는 운동은 얼마든지 있습니다.

18

충분한 영양을 섭취한다

조금이라도 피곤하다고 느껴지면 되도록 빨리 휴식 시간을 갖도록 합니다. 요즘 세계적으로도 화제가 되고 있는 것이 수면의 중요성입니다. 양질의 수면은 심신을 건강하게 할 뿐만 아니라 업무의 능률도 높여 타인과의 교류에도 바람직한 환경을 가져다준다는 사실이 익히 알려져 있습니다. '마이타임'은 스스로를 위한 투자의 시간이므로 만일 "수면이 필요해"라고 느낀다면 주저하지 말고 나만의 시간 속에 수면을 포함시킵니다.

항상 가족을 돌보던 시간을 나를 위한 시간으로 만드는 것, 어쩌면 주저하게 될는지도 모릅니다. 하지만 여러분이 잔업이나 스트레스로 피로누적이 되어 급기야 병이 나기라도 하면 아무것도 이루지 못하고 모든 것을 잃게 됩니다. 그러므로 자신의 정신과 육체의 건강을 염려하며 챙겨야 함은 당연합니다.

핀란드에서는 "다른 사람을 신경 쓰기 전에 먼저 자신부터"라는 말을 자주 합니다. 즉 "누구도 나를 보살펴주지 않으니까 나는 내가 스스로 챙겨야 할 책임이 있다"라는 의미이지요. 자신을 먼저 보살피고 챙기면 다른 사람에게 의지하지 않아도 됩니다.

만일 제가 갑자기 쓰러지기라도 하면 딸에게 큰 피해만 주게 되겠지요. 누가 그녀를 보살펴 줄 수 있을까요. 또 누가 제 대신 모든 일을 해주려나요. 제가 지금까지 깨달은 중요한 점하나는 스스로가 정신적 육체적인 한계를 인지하고, 그 한계에 다다르기 전에 휴식이 필요한 때를 잘 파악해야 한다는 것입니다. 하지만 그 한계를 알아차리는 것이 여간 힘든 것이 아니어서 저도 아직까지 수차례 시행착오를 겪고 있습니다. 항상 자신에게 되묻는 것은 너무 애써서 지친 상태의 사인을 놓치지 않도록 하는 것, 그리고 스스로가 수많은 책임을 안고 있다는 점을 분명히 인식하는 것입니다.

일상에서 특히 신경 쓰는 점은 수면을 충분히 취하도록

합니다. 평일은 지켜지기 힘들어서 주말, 특히 금요일과 토요일 밤에 충분히 잠을 잡니다. 딸도 제 생활 패턴을 잘 알고 있지요. 주중에는 일찍 일어나 준비하니까 주말 정도는 조금 늦잠을 자도 괜찮습니다.

피곤에 지쳤을 때 대처하는 방법을 정해둡니다

그럼에도 가끔 피곤에 지쳐 쓰러질 정도가 될 때가 있습니다. 그런 경우에도 걱정하지 않아도 됩니다. 반드시 끝이 있고 그 상태도 지나가게 되어 있기 마련이니까요.

대처법이라고 한다면 해야 할 일을 최소한의 생활을 위해 필요한 것만 추려냅니다.

식사도 손수 만들지 않고 냉동식품 등으로 대처합니다. 당분간은 평소보다 수면시간을 늘리고 무조건 심신을 편안하게 하여 안정을 취하도록 합니다. 그리고 즐거운 일만 합니다. 좋아하는 책을 읽는다거나 마음에 드는 텔레비전 방송을 찾아보고, 자연을 느끼면서 산책을 하며 케이크를 구워보거나 평소에 하고 싶었던 요리를 만들어 보는 등, 그러한 식으로 조금씩 자신을 아끼고 달래주면 하루 이틀 정도에 피로감이 서서히 줄어들게 될 것입니다.

여러분이 피곤할 때 편안하게 느끼거나 기분 전환이 되는 방법을 적어두기를 바랍니다. 일상생활 속에서 무리 없이 가능한 일이라면 더욱 좋겠지요.

가끔은 자신의 생활을 돌아보고 지나치게 많은 일을 처리하고 있지는 않은지 반성해 볼 필요가 있습니다.

필요한 것은 그만두거나 줄이거나 둘 중 하나입니다. 예를 들면 강습소에서 반장역할을 한다거나 먼 친척의 문제를 도와주고 있다거나 당신이 아니어도 가능한 일, 중요하지 않은 일인데 도와주고 있지는 않나요? 무엇보다 중요한 것은 자신과 자신의 가족을 보살필 기운이 있는지 냉정하게 판단해야 합니다. 또는 일단 모두 멈추고 잠시 쉬면서 다시 한 번 수행할 일을 결정하고 자신의 기운과 시간을 비축하는 것도 필요합니다.

자신의 정신적, 육체적 한계를 깨닫는 것, 자신의 좋은 상태를 유지하는 방법을 알아내는 것, "여기가 한계"의 사인을 알아차리고 곧장 휴식을 취하는 것입니다.

19

자신만의 취미를 갖는다

핀란드인도 자주 이렇게 말합니다. "영어나 프랑스어를 잘 구사하면 좋겠다, 인테리어 공부를 하면 재미있을 것 같아, 뜨개나 옷 만들기를 해보고 싶어, 수채화 그리기도 좋겠다, 시간이 있다면 할 텐데, 언젠가는"

이처럼 "언젠가는 하고 싶은 것"이 바로 나만의 시간에 해야 할 것들입니다. 취미를 가지고 가정이나 일과는 다른 자신의 모습을 가지는 것은 좋은 일이지요. 취미의 시간은 자신의 다른 모습이나 성격을 알 수 있는 좋은 기회이기도 합니다. 새로운 친구와의 만남도 있고 평소와 다른 일을 하면 뇌의 자극에도 좋고, 사고나 행동에 새로운 시각을 전달해 줍니다. 분주함을 핑계로 포기하지 말고 자신이 좋아하는 것을 무엇이든 시도해보세요. 자주 듣는 말이지만 바쁜 사람이 오히려 여러 일들을 잘 해냅니다. 시간이 넉넉하지 않기 때문에 의식해서 시간을 관리하기 때문이 아닐까 싶습니다.

거듭 강조하게 되는 말이지만 취미는 인생에 다른 의미를 가져다주며, 새로운 기운을 불어넣어줍니다. 새로운 시점과 영감을 떠올려주기도 합니다. 취미가 전문화가 되어 직업으로 이어지는 사람도 더러 있습니다. 좋아하는 것을 해보는 것으로 뜻밖의 만남, 인생이 새롭게 열리는 것이지요. 돌연 새로운 세계로의 길이 펼쳐질지도 모릅니다. 바쁘다는 말을 입에 달고 핑계만 늘어놓다가는 그렇게 인생이 끝나버립니다.

앞서 표로 만들었던 '하고 싶은 일 리스트' 중에서 실제로 실천 가능한 것을 뽑아보세요. 우선 정보수집부터 시작합니다. 여러분의 생활에서 실현 가능한 것은 무엇인가요? 영어를 공부해보고 싶다면 밤이나 주말에 참가할 수 있는 교실에 등록해 보면 어떨까요? 온라인으로 공부하는 방법도 있겠네요.

⏱ 20

두 명 이상이 함께 지낸다

'마이타임'을 반드시 혼자서 가질 필요는 없습니다. 육아를 하는 경우, 특히 자녀가 어릴 경우는 독립적인 생활을 하기 쉽습니다. 친구와의 교류, 새로운 사람들과의 만남이 거의 줄어들게 되지요. 하지만 '마이타임'을 만들면 타인과의 교류나 네트워크를 넓힐 수 있는 좋은 기회가 생깁니다.

'마이타임' 중에서 둘 이상 즐길 수 있는 일들이 많습니다. 앞장에서 소개한 취미로 그룹 교실에 참가하거나 친구와 함께 산책을 하거나 봉사활동에 참여하거나 할 수 있습니다.

저는 딸이 강습을 들을 때 보통 혼자서 나만의 시간을 가질 때가 많습니다. 그런데 최근에는 잠시 쉬었던 요가 교실에 다시 다니게 되었습니다. 매주 같은 요가 교실의 수강생과 함께 강사님께 지도를 받고 강습이 끝나면 함께 모여 새로운 요가 자세에 대한 이야기, 건강과 몸에 대한 이야기 등 여러 의견을 교환하면서 즐거운 시간을 갖습니다. 나와 다른 가치관을 가진 사람들과 교류하는 것은 신선한 자극이 됩니다.

아무래도 처음 만난 사람과 대화를 나눌 때 긴장하게 되지만 일단 만나보면 새로운 사람과 다른 세계관을 알 수 있게 되어서 설레기도 하고 기대되기도 합니다. '마이타임'을 가질 때 조금만 용기를 내어 이러한 다양한 기회를 만들어 보면 새로운 만남이나 경험을 할 수 있고, 귀중한 시간을 보낼 수 있습니다.

물론 가족과 함께 '마이타임'을 보낼 수도 있습니다. 저는 딸과 함께 보내는 경우가 종종 있는데요, 워킹이나 사이클, 바다 또는 강가에서 잠시 명상 시간을 함께 갖습니다. '마이타임'이기 때문에 나만의 건강과 체중유지를 고려하고, 자연을 즐기고, 일이나 집안일의 스트레스를 치유하고자 하는 것이 목적입니다. 가끔은 이러한 나만의 시간을 딸에게도 알려줄 필요가 있다고 생각됩니다. 그녀가 앞으로 어른이 되어서 저처럼 '마이타임'을 가지고 자신을 보살피며 살아가길 바라는 마음입니다.

여러분은 참가하고 싶은 세미나나 모임이 있나요? 체험해보고 싶은 강좌가 있다면 리스트를 적어보세요. 친구에게 권하여 함께 공원이나, 강가, 바다, 숲 등의 자연을 산책해 보는 것도 추천합니다.

21

배우자와의 커플 타임을 만든다

일과 육아, 병간호에 빠져있을 때 배우자는 전우처럼 느껴져 부부라는 사실 조차 잊고 살기 마련이지요. 핀란드에서는 일상적으로 둘만의 시간을 갖는 부부들이 행복을 느낀다는 조사 결과가 있습니다. 아이는 잠시 할아버지, 할머니 또는 다른 가족들에게 맡기고 둘이서만 데이트를 즐기거나 여행을 가거나 하는 부부도 더러 있지요.

부부만의 커플 타임은 '마이타임'의 커플 편입니다. 아이와 잠시 떨어져 둘만의 관계성을 돈독히 합니다.

배우자와 특별한 날을 계획해보기를 바랍니다. 콘서트에 가거나 피크닉, 스포츠를 함께 해보는 것도 추천합니다. 또 일상적으로 배우자와 둘이서만 무언가를 함께 공유하는 것도 좋습니다. 자녀가 없던 신혼 때처럼 매달 한 번은 외식을 한다거나 밖에서 데이트를 즐기는 것도 방법입니다.

우리들의 생활은 완벽하게 자녀와 회사 업무의 스케줄에 따라 관리되고 있다고 해도 과언이 아닙니다. 딸에게서 벗어났을 때 비로소 깨닫게 되는 것이지요. 자신의 심신을 위해서도 자신이 원하고 스스로가 느끼기에 가장 자연스러운 시간에 일을 하는 것이 중요합니다.

가정이나 책임으로부터 조금만 떨어진다면 충전할 여유가 생깁니다. 그렇게 함으로써 배우자와의 관계에도 좋은 영향이 생겨납니다. 배우자와의 관계를 소중히 여기고 항상 의식해서 더욱 돈독하게 만들어 가면 바쁜 집안일과 업무의 균형을 유지하는 데에도 큰 도움이 될 것입니다.

22

친구의 존재를 소중히 여긴다

정신없는 생활로 삶이 피폐해졌을 때 커플 타임과 함께 잊기 쉬운 것이 바로 친구입니다. 친구는 둘도 없는 소중한 보물이고, 진정한 친구에게는 무엇이든 털어놓을 수 있고 의지가 되는 그런 존재입니다. 친구와 이야기하는 것만으로 자신은 혼자가 아니라고 실감하게 되지요. 그리고 마음에 안도감을 느낍니다. 또 필요한 충고를 해주고 무엇보다 마음 놓고 편안하게 즐기면서 함께 시간을 보낼 수 있습니다.

아무리 바쁘더라도 우정을 소중히 여기길 바랍니다. 물론 어렵다는 점은 이해합니다. 그럼에도 중요하다는 사실을 잊지 마세요. 우정에 투자한 시간과 마음은 반드시 몇 배의 행복으로 돌아오게 됩니다.

새로운 친구를 만들 기회

현재 가깝게 지내는 친구가 없다고 해도 결코 이상한 것은 아닙니다. 육아나 병간호 중에는 시간을 내기 어려워서 친구와의 관계를 소홀히 할 수 밖에 없습니다. 또 생활 패턴이 다르면 점차 소원해져서 육아 시기에는 독신 친구와 시간을 맞춰 함께 보내기가 어렵게 되고 만일 여러분이 독신이라면 반대의 입장이 되기도 하니까요.

그런 경우 무리하게 옛날 친구와 시간을 보내려고 노력하지 말고 '마이타임'을 가지고 새로운 우정을 만들어보길 바랍니다. 직장, 취미, 봉사활동, 모임, 자녀의 친구 부모, 자녀가 다니는 교습소에서 만난 학부모, 공원에서 만난 학부모들 등 새로운 친구를 만날 기회는 얼마든지 있습니다. 자신이 여기저기 관심을 갖고 적극적으로 행동한다면 친구들도 늘어납니다. 전화가 오기를 기다리지만 말고 스스로 먼저 용기 내어 말을 건네 보세요.

다행히도 현대인에게는 우정을 연결해나갈 다양한 방법

이 있습니다. SNS도 있고, 전화나 메일 등으로 쉽게 연결됩니다. 어떤 방법이든 상관없이 나부터 먼저 손을 내밀어 봅시다.

친구 중에는 오랫동안 만나지 않아도 자연스럽게 예전의 관계로 돌아가는 사람도 있습니다. 또 긴 시간동안 연락하지 않았어도 자신의 생활이나 상황이 바뀌어 급격하게 친해지는 사람도 있지요.

친구는 건전한 사회생활에 반드시 필요하다

핀란드에서는 아이를 맡기고 커플끼리 만나는 기회를 종종 갖습니다. 식사를 하거나 술자리를 갖거나 여름에는 야외 콘서트, 또는 서로의 집에서 파티를 하기도 하지요. 저는 친구에게 워킹을 함께 하자고 부르기도 하고, 운동을 함께 하거나 영화나 전시회에 갑니다. 물론 레스토랑에서 식사를 하고 티타임을 갖기도 하지요.

친구와의 관계는 건전한 사회생활을 하는데 무엇보다 중요합니다.

나아가 친구들이란 결정적인 순간에 큰 의지가 되어줍

니다. 하지만 상대에게 보답만 기대하는 우정은 지속될 수 없지요. 서로가 대등하게 즐거운 시간을 보내고 서로 도와주는 마음이 통해야만 가능합니다. '마이타임'을 이용해 친구와의 시간을 가져보세요. 일도 집안일도 아닌 심신안정이 될 수 있는 인간관계는 균형 잡힌 인생에서 빠질 수 없는 필수 조건입니다.

23

짧은 명상으로 마음을 정돈한다

'마이타임'으로 반드시 추천하고 싶은 것은 요가와 명상입니다. 요가를 몇 년 정도 해왔고 명상도 근래 몇 년간 꾸준히 해오고 있습니다. 둘 다 제 주변과 마음속 공간을 지키도록 도와주며 경험을 쌓다보면 인생의 가치관도 바뀌기 시작합니다. 요가나 명상의 기본은 수용의 정신입니다. 어떤 상황에서 있는 그대로의 자신을 발견하고 허용하도록 가르쳐줍니다. 또 안정감을 유지하게 도와주며 걱정, 긴장, 스트레스와 같은 부정적인 감정을 해소시켜줍니다.

수년전 저는 스트레스로 피로에 시달리던 시기가 있었습니다. 몸과 마음 모두 잠시 휴식이 필요해서 스스로 명상을 시작해보았지요. 전문가가 아니어서 무작정 조금씩 시작해 보자고 마음먹고 나만의 방법으로 '짧은 명상'을 하기 시작했어요. 서머 코티지(Summer cottage, 여름별장) 근처에 있는 호숫가 바위에 앉아 몇 분간 그저 호수를 가만히 바라보고 건너편 바위를 응시해봤습니다. 아무것도 떠올리지 않고 생각하지 않으려 노력했어요. 단지 앉아서 조용히 크게 호흡하고 자신이 이곳에 존재하는 이 순간만을 집중했습니다. 5분이라는 짧은 시간이었지만 저에게는 무척 효과적으로 느껴졌답니다.

짧은 명상은 어디에서든 가능합니다. 주말에 좋아하는 단골 카페에 들러 조용히 앉아 창문에서 내다보이는 나무들을 바라보거나 하지요. 실수로라도 휴대폰으로 메시지를 보내거나 웹 서핑을 하지는 않습니다. 읽고 싶던 책을 읽거나 일기를 쓰면서 마음을 안정시키고 편안하게 쉬게 해줍니다. 그럼에도 머릿속에서는 이런저런 잡다한 생각이 떠오르기 마련이지요. 그렇더라도 포기하지 않고 계속 연습을 해보는 것입니다.

요가나 명상을 습관화하는 생활을 계속하면 따로 연습을 하지 않아도 평온한 마음이 자연스럽게 유지됩니다.

요가나 명상의 종류는 다양하므로 다양하게 즐기면서 시도해 보면 좋습니다.

24

소중히 해야 할 것에 대해 생각한다

최근에 핀란드인의 가치관에 대해 조사(핀란드의 신문사 12곳에 따른 조사) 결과가 발표되었습니다. 그 결과에 따르면 중요하게 여기는 가치관 1위는 '사랑하는 사람들이 행복하고 건강하게 지내는 것', 2위는 '각자의 마음의 평안과 행복', 3위는 '정의감'이었습니다. 한편 '설레는 생활', '종교', '오락'과 같은 항목은 하위권이었습니다.

이와 같은 결과는 핀란드뿐만 아니라 북유럽의 여러 나라의 공통된 가치관으로 서로 배려하고 업무와 개인 생활의 균형을 유지하고 물질적으로 과도한 소비와 화려한 라이프스타일보다 내면적인 행복, 평안, 만족감을 추구하려는 사람들이라는 점을 알 수 있습니다. 그렇기 때문에 북유럽 국가들이 행복한 나라로 손꼽히는 것이 아닐까 싶습니다.

그렇다면 여러분의 가치관, 여러분이 중요하게 여기는 것은 무엇인가요? 무조건 핀란드식의 가치관을 강요하는 것은 옳지 않다고 생각합니다. 제 경우는 일본에서 생활하면서 본받을 점도 많다고 느꼈습니다. 생활 속에서 불교의 정신을 바탕으로 사고하는 습관, 종교에 대한 자유로운 견해, 타인에 대한 배려의 정신, 개인주의이면서 사람과의 관계를 소중히 하는 점 등 그밖에도 많습니다.

중요한 것은 자신의 가치관을 확립하는 것이라고 생각합니다. 그리고 지금의 생활과 일상에 대한 감사, 또 주변 사람, 사회와 잘 어울리면서 되도록 거짓이 없는 행복한 인생을 보내는 것입니다. 하지만 정신없이 분주한 일상에서 여유로운 생각을 할 시간은 없겠지요. 그럼에도 여유가 없는 그 시간을 쪼개어 '마이타임'을 만들어보시길 바랍니다.

저는 '마이타임'에 가벼운 워킹이나 사이클링을 하면서 여러 복잡한 생각을 정리해봅니다. 항상 노트를 가지고 다니며 아이디어가 떠오를 때마다 메모를 해둡니다. 매일 일기를 쓰지는 않지만 자신의 생각을 분명하게 밝혀두거나 장래에 대한 생각을 적어두거나 하면서 자신이 무엇을 좋아하고 있는지를 되새기곤 합니다. 그런 과정을 통해 점차 자신을 좋아하게 되고 소중히 여길 수 있는 확고한 믿음이 생겨날 것입니다.

25

장래에 대해 생각한다

어쩌면 우여곡절이나 문제가 없는 인생이라 해서 완전한 건 아닙니다. 아무리 행복한 사람이라도 아무런 고민이 없는 사람은 없지 않을까요. 예컨대 실직에 대한 고민, 경제적인 크고 작은 고민, 이혼의 위기, 성장하는 자녀의 학습과 생활, 건강 문제 등 새롭게 생겨나는 문제의 장벽은 피한다고 피할 수 있는 것은 아닙니다.

중요한 것은 문제가 일어날 때 마주할만한 수단을 가지고 단지 망연자실하거나 절망하지 않도록 준비하는 태도입니다. 어떠한 곤란에 부딪쳤을 때 더욱 현실적으로 평소보다 더욱 냉철하고 편안한 태도로 받아들이고 해결해 나가려고 노력합니다.

'마이타임'을 이용해서 어쩌면 일어날 수 있는 문제에 대해 사전에 생각해 두어야 합니다. 일어날 일을 대비해 도구가 될 수 있는 자신만의 방법을 준비해두면 기회를 잘 포착해 사전에 예방할 수 있습니다.

더 나아가 '마이타임'은 어떤 문제에 마주했을 때 객관적인 사고가 가능하도록 도와줍니다. 또 해결법을 생각할 기회가 되기를 만들어주지요. 혼자서 워킹을 하다보면 우연히 영감이 떠오르기도 할 것입니다. 여유를 가지는 시간, 공간 그리고 운동이 효과적입니다.

무언가 큰 걱정거리를 짊어지고 안 좋은 일만 계속 겹치게 될 때가 있지 않나요? 그럴 때 미리 대강의 대처법을 생각해 둔다면 걱정도 조금은 가벼워집니다. 어떤 문제든 해결하면 또 다른 문제가 나타나기 마련인데 무슨 일이 일어나도 항상 긍정적으로 생각하고 나아가다보면 걱정도 조금씩 줄어들게 될 것입니다. 희망은 분명 생겨나고 필요할 때는 어디선가 도움도 받게 됩니다.

핀란드인은
서머 코티지를 좋아한다

다른 유럽 국가나 미국에 비해 핀란드인은 더욱 건강을 의식해 운동을 하거나 야외의 자연 속에서 시간을 보내거나 합니다. 특히 야외의 신선한 공기를 느끼면서 하는 운동을 즐기고, 1년 내내 자전거로만 통근을 하는 사람도 많은 편입니다. 원래 핀란드인에게 있어서 공간은 중요한 재산이었습니다. 핀란드는 숲과 자연으로 둘러싸여있어 아주 오래 전에는 숲에서 살며 농가를 경영하는 사냥꾼이라고 불리는 사람들이 대다수였습니다. 그들은 밭을 일구고 숲 속에서 열매를 따며 사냥을 해왔습니다. '호수와 숲의 나라'로 알려진 핀란드에서의 전형적인 재충전의 방법은 '서머 코티지'에 머무는 것입니다. 대부분의 핀란드인은 호수나 바다 근처에 서머 코티지를 가지고 있어서 긴 여름휴가(일반적으로 4주 정도 쉽니다)나 주말이 되면 서머 코티지에 갑니다. 여름별장을 의미하지만, 반드시 여름에만 이용하는 것은 아닙니다. 1년 내내 방문해 계절마다 창밖의 풍경이 변하는 것을 바라만 보는 것으로도 마음의 휴식을 얻을 수 있습니다.

서머 코티지 근처의 조용한 호수나 숲속에서 시간을 보내는 것, 참나무를 잘라 사우나에 불을 지피거나 하는 이러한 소소한 일상의 일들로부터 핀란드 사람들은 편안함을 느낍니다.

항상 혼자서 가는 사람, 집안일이나 가족을 두고 친구들끼리 주말을 이용해 가는 사람들, 아버지가 어린 자녀들을 돌보고 엄마들만 모임을 만들어 서머 코티지에 가기도 합니다.

제 경우는 서머 코티지에 가면 거의 모든 시간을 야외에서 보냅니다. 숲속에서 정원 정리를 하거나, 베란다에서 휴식을 취하고, 눈앞에 펼쳐진 호수를 바라보면서 독서를 하거나 식사를 하거나 집필도 합니다. 발코니에 나가면 호수 위를 날아다니는 새들을 보고 불어오는 바람을 맞으며 작은 새들이 둥지 안에서 먹이를 조르는 지저귀는 새소리를 듣고, 날씨의 변화를 느끼고 소나무 향을 들이마시며 자작나무의 바스락거리는 나뭇잎 소리를 듣기도 하고 산속에서 여러 종류의 열매를 땁니다. 저녁이 되면 야외에서 바비큐를 하지요. 저는

이곳에서 일상의 사소한 감정 다툼에서 벗어나 자연 속에서 본래의
자신으로 돌아온 듯 편안함을 느낍니다.

둘 이상의 마이타임도 보내기

|

✎ 여러분은 일상에서 친구와 얼마나 많은 시간을 보내나요? (자녀
와 배우자를 제외)

✎ 참여해보고 싶은 클래스나 모임이 있나요? 체험해보고 싶은 강
좌 등을 목록으로 만들어 보세요.

✎ 친구와 함께 공원, 강가, 바다, 숲 등을 산책해보세요. 봉사활동
등에도 참여해보면 어떨까요?

마이타임을 폭 넓게 생각하기

|

✎ 일상에서 마이타임으로 활용할 수 있는 틈새 시간을 찾아보세
요. 예를 들어 여러분은 자녀를 학원에 데려다주나요? 그렇다면
자녀가 학원에 있는 동안 워킹, 조깅, 피트니스 등으로 시간을 활
용해보세요.

✎ 출퇴근 시간의 절반정도를 운동에 활용해 보면 어떨까요? (예를
들면 한 정거장 미리 내려 걷기 운동을 하는 등)

✎ 자녀의 친구 부모와 의논해 서로 맡아주기를 할 수 있도록 하는

것이 어떨까요? 함께 놀아주거나 서로의 집에 번갈아가며 하룻
밤 잠자기를 해도 좋습니다.

✒ 자녀와 함께 외출해 그 사이에 여러분은 다른 일을 할 수 있나
요? 예를 들면 도서관이나 수영장에 같이 가서 각자 하고 싶은
것을 해보세요(자녀의 나이가 어린 경우는 제외합니다).

시간 관리

✒ 잔업 또는 야근을 하지 말고, 집에 돌아가서 마이타임을 만들어
봅니다.

✒ 가족이 각자 무언가를 하고 있는 시간에 나만의 시간을 즐기면
어떨까요?

✒ 한눈에 보기 쉽게 스케줄 표를 만들어보면 어떨까요? 그 안에 나
만의 운동 시간이나 취미 시간을 포함시켜 보세요.

✒ 일상 속에서 헛되이 보내는 시간은 없나요? 예를 들면 출퇴근 시
간, 자녀의 학원에서 대기하는 시간 등, 그 시간을 마이타임으로
활용하면 어떨까요?

기준을 정하기

- 일의 구분이 가능한가요? 몇 시간 근무하고, 몇 시 이후에는 일하지 않으며 주말에는 일하지 않는 것처럼 분명하게 정할 수 있나요?
- 항상 늘어지는 업무 또는 집안일로 인해 스트레스가 쌓이지 않나요?
- 여유로운 마음을 가지고, 가족들과 집안일을 분담하면 어떨까요?

완벽함을 목표로 하지 않기

- 모든 일에 완벽하기를 원하나요? 타인이 아닌 자신의 기쁨을 위해 무엇을 할 수 있나요?
- 자신의 생활 속에서 짊어지고 있는 역할을 생각해보세요. 몇 개가 되나요?
- 물건을 제외하고 자신이 행복을 느끼는 것에 대해 리스트를 만들어보세요.

불필요한 자책은 그만하기

- 여러분은 어떨 때 죄책감을 느끼나요?

∅ 미완성 프로젝트 때문이든가 또는 가족들과 충분한 시간을 보내지 못했다든가 더 일하는 시간을 가져야 한다든지 청소를 더 열심히 해야 한다든지 느끼나요? 아니면 마이타임을 가져서 그렇게 느끼나요? 그렇다면 지금 자신의 인생의 균형에 대해 깊이 생각해보세요.

∅ 때로는 운동을 하거나 휴식을 취하면서 맞닥뜨린 스트레스를 이겨내고 불필요한 죄책감이나 타인과의 비교로 생기는 시기심과 같은 감정이 생기는 것을 막을 수 있습니다. 무엇보다 중요한 것은 스스로를 아끼는 것입니다.

지나친 피로는 피하기

∅ 자신만의 피로회복법을 고안해 미리 만들어둡니다. 정작 심각하게 피로가 쌓였을 때는 방법을 생각하려고 해도 떠오르지 않으니까요.

∅ 기본으로 돌아가기, 건강한 식사, 충분한 수면, 일상적인 운동, 나만의 시간 갖기, 적당한 교류 등 조금씩 스스로를 자유롭게 풀어주는 시간을 가져봅니다.

3장

완벽을 추구하지 않는 시간
'마이타임'을 활용하는 방법

26

말끔하게 집을 치우는 일보다 소중한 것

핀란드인에게 익히 알려진 말 중에 "티끌 하나도 떨어져있지 않는 집을 유지하는 것보다 충실한 매일을 보내는 것이 중요하다."가 있습니다. 핀란드에는 전업주부는 거의 없지만 가령 전업주부일지라도 시간이 남아서 한가하거나 집안일을 정말로 좋아서 즐기지 않는 이상 완벽하게 청소하고 집안을 가꿀 필요는 없다는 생각을 가지고 있습니다.

표면적으로 완벽하게 보이는 인생을 보내는 것이 아니라 중요한 것은 내면의 진정한 만족감이 아닐까요. 저는 자신의 인생에 만족하고 행복하게 원만한 인간관계를 만들어 가는 것이 가장 중요하다고 여깁니다.

충실한 인생을 만들려면 완벽함을 목표로 하지 않아야

한다고 생각합니다. 그렇다고 핀란드 사람들의 집이 전부 더럽고 어지럽혀진 것은 아니랍니다. 단지 몇 시간 동안이나 집을 치우고 청소할 이유가 없다고 생각하는 것이지요. 누군가에게 칭찬을 받기 위함인지, 아니면 완벽한 부인이나 남편이 되고 싶은 것인지, 인테리어 잡지에 화려하고 아름답게 포장되어 소개되는 인생이고 싶어서인지, 솔직히 잘 모르겠습니다.

│ 집안일의 시간을 '마이타임'으로 전환하기 │

자신의 삶에 자신감을 가진 사람은 정리는 때때로 적당히 하면서 인생을 즐깁니다. 말끔하게 반짝반짝 쓸고 닦는 것보다 더욱 즐겁게 나만의 시간과 인생을 보내려고 합니다. 그리고 정리와 다른 충실감을 느끼는 것이지요. 예를 들면 여러분이 일주일에 3시간 정도 청소에 시간을 들인다고 해보죠. 그 시간 중 2시간은 청소를, 나머지 1시간을 '마이타임'으로 정하거나 가족과 함께 보내는 시간으로 만들면 어떨까요. 아니면 1시간은 청소, 나머지 시간은 운동이나 정원관리, 아이나 배우자와 야외에서 새로운 체험을 해보는 시간을 갖는 것도 좋겠지요. 여러분이 가능한 시간을 고려해 자유롭게 선택해보세요.

평소에 하는 청소는 대강의 스케줄을 정하면 편합니다. 저는 목요일을 청소하는 날로 정하고 집안 곳곳에 청소기, 걸레질을 하고 청결한 주말을 맞이합니다. 만일 수요일에 청소가 필요하다고 느끼더라도 다음 날이 청소의 날이니까 하루만 견디자고 스스로 되새기면서 워킹을 하러 공원으로 나가 바깥 공기를 쐬거나 일찍 잠자리에 들거나 책을 읽거나 하는 등 자유로운 시간을 보냅니다.

| '5분 규칙' |

여러분께 특별히 전수하고 싶은 방법을 소개하고자 합니다. 그것은 바로 '5분 규칙'인데요, 실은 예전에 일본에서 만난 일본인 친구가 가르쳐 준 방법입니다. 시간이 걸릴 것 같고 힘들어 보이는 집안일은 다음으로 미뤄버리기 쉽지요. 그러한 경우에 '5분만 하자', '5분만에 가능하다'라고 스스로 정해서 시작하는 것입니다. 결과적으로 5분 이상 걸리기도 하지만 '5분만'이라고 생각하면 시도할 마음이 생기기 마련입니다. 또 '5분 규칙'은 어떤 일을 완벽하게 처리하려는 목표를 갖는 것이 아니라 "이 정도면 괜찮겠지"라는 정도에서 끝내기도 합니다. 질질 끌면서 아무것도 하지 않는 것보다 단숨에 간단하게나마 정리하는 쪽이 개운함을 느끼게 되는 것은 당연하지요. 어느 쪽이든 가사 일은 "이 정도면 괜찮아"라는 태도를 갖기를 권합니다. 그리고 가족과 가사 일을 분담할 것, 그렇게 편안한 생각을 가지고 살아가야 합니다. 항상 완벽함을 추구하려는 생각은 접어두세요. 중요한 것은 균형, 한쪽에 치우쳐 피로에 빠지는 것은 피해야 합니다.

27

집안일은 가족 모두의 몫

핀란드에서는 집안일은 가족 모두가 분담하는 것이 일반적입니다. 요리, 아이들 유치원 마중 나가기, 설거지, 아이들 돌보기, 아이들 발레나 피아노, 축구 등 학원 데려다주기, 숙제 봐주기, 잠재우기, 책 읽어주기, 치과나 소아과 병원 정기 진료 데리고 가기, 병간호, 집안일과 가족에 관련된 모든 일을 여성이나 남성 상관없이 적극적으로 협조합니다.

이는 북유럽 국가 전체의 공통점이기도 합니다. 남성이 집안일에 적극적으로 참여하면서 여성의 부담이 줄어들고 남성도 업무 스트레스에서 해방되어 가정이라는 다른 세계에서 숨을 돌릴 수 있습니다.

여러분의 가정은 어떤가요? 식사 준비, 청소, 육아는 전통적으로 여성의 업무로 여겨졌겠지만 예전에는 전업주부가 대세이고, 대가족 생활이어서 조부모에게 자녀를 맡길 수 있는 환경이 자연스러웠던 시대였지요. 그런데 여성이 일을 하고, 부부가 오롯이 육아를 맡고 있는 지금은 부부와 아이, 가족 모두가 서로 분담하지 않으면 시간 활용이 힘듭니다.

아이에게도 집안일을 가르친다는 것

'가족 모두가 분담'이라고 앞서 말했지만, 이는 부부 둘만이 아닌 자녀도 집안일에 참여해야 한다는 것을 말합니다. 제가 어릴 적 핀란드에서는 어느 집이나 가족 구성원이 총동원되어 주말에 청소를 했습니다. 지금은 제가 거실 바닥을 청소기로 밀고, 대걸레로 닦고 있으면 딸은 자신의 방 정리를 하거나 재활용 병 등을 마트에 가지고 갑니다(재활용 병을 반납하면 소액의 금액을 돌려받습니다).

청소나 정리를 제가 혼자서 다 해버린다면 딸은 청소하는 방법조차 알지 못하겠지요. 정리된 방의 고마움을 알리도 없고요. 집안일은 부모 둘이서 완벽하게 정리할 수준은 아니므로 아이들도 자신의 방을 정리한다든지 도울 수 있는 소소한 집안일에 참여시키도록 해야 합니다.

　'가족 전원이 참여하기'라는 의식이 중요　

근무시간이 길면 핀란드처럼 평등하게 가족 모두가 집안일을 분담하지 못할 수도 있습니다. 하지만 '집안일은 엄마만 하는 것이 아니라 가족 전원이 할 일'이라는 의식을 가진다면 엄마의 부담감은 훨씬 줄어듭니다.

집안일이나 집안 관리를 가족 전원 모두가 분담하게 되면 한 사람만의 책임이 되지 않습니다. 누군가 청소를 하면 나도 해야 한다는 생각이 들지요. 평일은 회사 업무로 바빠서 집안일을 배우자에게 맡기기만 했다면 주말은 자신이 평일에 못한 만큼 더욱 열심히 맡아서 하게 되지 않을까요. 그렇게 된다면 각자 자신의 일을 할 시간, 예를 들면 자신의 밀린 일이라든가 취미, 친구와의 친목, 건강관리 등 '마이타임'을 확보할 수 있습니다.

한때 저조차도 엄마는 집안일을 좋아하고, 요리를 좋아

한다고 착각한 적이 있습니다. 그런데 집안일을 모두 맡아 하는 엄마의 진심을 들어본 적이 있었는지 생각해 봅니다. 그때는 어째서 "제가 도와 드릴게요!"라는 말을 선뜻 하지 못했는지 후회도 됩니다. 한 가정은 가족 모두가 책임을 분담하고 서로가 배려하면서 만들어가는 집단, 장소가 되어야 하지 않을까요.

28

집안일은 스케줄표로 관리하기

저는 혼자서 아이를 키우고 일을 하는지라 정신없이 바쁜 하루하루를 보냅니다. 그래서 매주 집안일 스케줄을 만들어 실천하고 있습니다. 스케줄을 만들면 해야 할 일이 정리가 되는 것은 물론이고 심신이 자유로운 시간이 확보되면서 안정감이 듭니다.

제게 중요한 것은 일과 가정을 균형 있게 병행하는 것입니다. 물론 '마이타임'도 빼놓지 않지요. 그러기 위해서는 집안일을 100퍼센트 완벽하게 해치울 필요는 없습니다. 엄마 세대부터 오래도록 이어온 공통된 인식이기도 한데 집안일을 완벽하게 하지 않는 것은 당연하고, 가족 모두가 협력하는 풍조가 핀란드의 전형적인 가정의 모습입니다. 집안일에 대해서도 "힘을 들이지 않고 편하게"하기를 지향하고 있는데 이는 지극히 핀란드적인 사고방식이 아닐까 싶습니다. 우리들의 삶은 집안일 이외에도 하고 싶은 일이 셀수 없이 많으니까요.

일주일 동안의 스케줄을 대략 소개하면 다음과 같습니다.

- **목요일: 청소의 날**

  집안 곳곳을 정리하고 청소기로 밀고 대걸레로 닦습니다. 딸은 자신의 방을 정리합니다.

- **토요일, 일요일: 세탁과 다리미질의 날**

  대개 토요일은 세탁, 일요일은 다리미질을 합니다. 환경과 옷을 유지하기에도 좋지 않아서 건조기는 사용하지 않습니다.

- **토요일, 일요일: 일주일 분량의 장보기**

  평일은 장보기를 하지 않고 주말을 이용해 대형 마트에서 한꺼번에 장을 봅니다. 부족한 물건을 채우는 식의 쇼핑으로 시간을 절약하고 있습니다.

요일마다 할 일을 미리 정해두면 시간 여유가 생깁니다. 예를 들면 주중 초반에 집이 조금 어질러져있더라도 목요일까지 치우지 않습니다. "목요일에 청소하니까 오늘은 아직 괜찮아"라고 마음속으로 되새기지요. 그리고 딸이 테니스나 수영 강습에 참여하는 동안 틈을 내서 나만의 시간을 갖고 워킹을 합니다. 스트레스가 풀리는데 효과적이므로 추천합니다. '오늘은 청소 하지 않는 날'이라고 정하고 집안일 스케줄을 관리하는 것입니다.

이렇게 스케줄을 정해놓으면 관리가 됨과 동시에 완벽함을 추구하지 않아도 된다는 점을 터득하게 됩니다. 쉴 틈이 없이 바쁜 스케줄인데 조금은 대충해도 괜찮다는 점을 말이죠. 여러분도 직접 집안일 스케줄을 만들어 보시길 바랍니다. 아마 제가 짠 스케줄과는 전혀 다를지도 모르겠네요. 우선 근무시간이 다소 길어지지 않을까요. 전통적으로 핀란드에서는 주말에 깨끗한 집에서 보내는 습관이 있어서 주말 전에 청소를 하지만, 여러분은 반대로 한 주가 시작되는 월요일을 기분 좋게 시작하기 위해 주말에 청소를 하려나요? 물론 스케줄대로 완벽하게 실천되지는 않을 수도 있으니 유연하게 대처해 나가길 권합니다.

우리가 살아가는 일상은 겉모습으로만 판단하기 힘들지요. 깨끗한 집에서 산다고 해서 행복하리라고 단정하기 힘들지요. 여러분과 가족 모두의 행복과 건강을 위해 잠들기 전 아이들에게 동화책을 읽어준다거나 운동을 하면서 건강을 챙긴다든가 배우자와 시간을 보내거나 하길 바랍니다. 정리되지 않은 지저분한 곳에서 살아도 된다는 말은 아닙니다. 하지만 "이 정도면 괜찮아"라는 여유로운 감각을 가지면 여러분 생활에 자유로운 시간과 유연한 사고가 생겨날 것입니다.

29

장보기는 일주일 분량을 한꺼번에

가족을 위한 식사 준비는 시간과 노동이 많이 드는 일입니다. 저녁에 무얼 만들지, 점심은 뭐가 좋을지, 도시락 메뉴는 어떻게 하지 등 대략의 메뉴를 정해서 일주일 분량의 장보기를 하면 상당한 시간 절약이 가능합니다.

사실 이 일주일 장보기는 핀란드식은 아니고 영국에서 생활했을 때 터득한 방법입니다. 대부분의 사람들이 주말 토요일에 일주일 분량의 장보기를 하는 것이 일반적이어서 대형 마트에 가서 특대용 사이즈의 식품이나 소모품을 한꺼번에 구입합니다. 일주일 동안의 메뉴는 가족에게 어떤 식사를 준비할지 미리 생각해서 만듭니다. 우리 집의 경우는 채소 중심의 요리를 하는 편이어서 대량의 채소를 구입하고, 주 1회 정도만 먹을 고기를 구입합니다. 반면에 생선은 자주 먹고, 한창 자랄 나이의 딸을 위해 유제품과 유제품 대체 식품인 보리 코코아, 두유, 요거트 등도 구입하지요. 과일도 빠지지 않고 구입하고 딸의 간식, 제가 먹을 점심용 샌드위치 등과 주식이 빵이다 보니 많은 양의 빵을 필수로 구입합니다. 또 보관용으로 기본적인 식재료, 콩류, 파스타, 쌀, 소스류 등도 채워 넣습니다. 냉동고에는 남은 콩, 토마토소스, 고기나 소시지가 있고 직접 채취한 딸기와 집에서 구운 케이크도 있습니다.

장보기에 허비하는 시간과 돈을 절약하기

매일 밤, 일을 마치고 마트에 들러 그곳에서 무엇을 만들지를 생각하고 집에 돌아와 요리를 한다면 '마이타임'을 가질 틈은 없습니다. 충분히 계획하고 주말 동안 식재료를 사 두면 평일 밤, 나만의 시간을 갖는 데 큰 도움이 됩니다.

또 돈을 절약할 수도 있습니다. 일을 마치고 피곤한 상태에서 장을 보다보면 충동구매하기 쉽고 식재료가 중복되는 일도 잦게 되는데 그러한 우려를 피할 수 있습니다.

그리고 일주일 동안의 메뉴를 한꺼번에 찬찬히 생각해두면 영양적인 균형, 가족의 건강에 대해 배려하게 됩니다. 물론 주중에 부족한 재료가 생길 수 있어서 그 경우는 채워 넣기도 합니다. 무엇이든 유연하게 대처하면 됩니다. 가끔은 반찬가게에서 반찬을 사거나 외식을 하거나 할 수도 있겠지요. 핀란드에서는 반찬을 산다거나 외식을 한다는 것은 물가가 너무 비싸서 솔직히 생각할 수 없는 일이지만, 여러분의 나라에서는 얼마든지 가능하지 않을까요.

요리의 기본은 '심플'

핀란드의 요리는 심플, 그 자체입니다. 집에서도 음식 담을 때 예쁘게 담으려고 신경을 쓴다든지 음식 종류를 많이 하려고 한다든지 하는 모습을 보면 정말 대단하다고 느낍니다. 핀란드 사람들은 대부분 평일엔 무조건 심플하게, 주말에는 스테이크나 오븐 요리 등 시간과 공을 들여 신경을 써서 만듭니다. 대신 평일에는 자녀들을 보살피는데 신경을 집중하고 식사는 간단하게 준비되는 것을 선호합니다.

"힘을 들이지 않고 편하게"라고 집안일을 대하는 저만

의 방식과 태도는 요리에서도 변함없습니다. 파스타 소스를 한꺼번에 많이 만들어 놓고 이틀 연속해서 먹을 때도 있습니다. 피곤할 때는 냉동피자를 사서 집에서 구워 먹기도 하지요. 그것조차 할 여력이 없을 때는 전자레인지에 넣고 데우기만 하는 냉동식품을 즐겨 먹습니다.

식사준비에 대해서도 여러분이 여유를 가지고 편안함을 느끼는 것이 무엇보다 중요합니다.

30

매일 조금씩 정리하기

매일 조금씩 정리를 하면 주 1회 청소도 어렵지 않습니다. 그러면 만일 청소하지 않는 날일지라도 그럭저럭 괜찮은 상태를 유지할 수 있어서 쾌적하게 지낼 수 있습니다.

핀란드에서는 부엌에서 식기세척기나 식기건조기를 설치하는 것이 일반적입니다. "식기세척기가 없는 생활은 상상할 수 없어"라고 핀란드 사람들이라면 이구동성으로 말할 것입니다. 또 세탁기에 세탁물이 쌓이기 시작하면 평일이라도 세탁기를 돌립니다. 생각해보면 이처럼 기계가 대부분의 집안일을 도맡아하고 있기는 합니다.

한국이나 일본의 부엌은 그다지 넓은 편은 아니어서 커다란 식기세척기는 그다지 선호하지 않는 듯합니다. 그런데 만일 공간의 여유가 있다면 반드시 검토해보길 바랍니다. 한편으로 일본에서 생활하면서 제가 놀란 사실은 외식을 자주 하고 반찬가게에 반찬이 고루 갖춰있는 데다 저렴하다는 것이었습니다. 또 세탁소가 마을 곳곳마다 있고 가격도 합리적인 점이 부럽기도 했지요. 이처럼 힘들거나 급하게 필요할 때 이용하는 것도 일종의 '자동화'이겠네요.

제가 매일 조금씩 미리 해두는 집안일들을 소개합니다.

- 부엌 조리대를 깨끗하게 해둘 것, 여러 물건을 올려 두지 않기
  (올려두면 지저분하게 보이기 시작하므로)
- 식탁을 항상 깨끗하게 닦아두고, 물건을 두지 않기
- 식기세척기를 항상 깨끗하게 닦고, 환경을 위해 매일 사용은 자제하며 이틀에 한 번 정도 사용하기
- 필요하다면 평일에 한 번 세탁기 돌리기
- 바닥이 더럽다고 느끼면 청소의 날 이외에도 청소기 돌리기
- 재활용품(택배상자, 병 등)을 미리 분리해두었다가 정해진 날에 버리기
- 쓰레기가 많을 때는 미리 버려두기

또 다른 일을 하면서 동시에 간단하게 치웁니다. 예를 들면 샤워를 하면서 욕조를 가볍게 청소하거나 아침에 출근하면서 쓰레기를 버려두거나 합니다.

| '밤에는 청결하게'라고 정하기 |

밤에 부엌을 청결하게 해두면 다음날 아침을 기분 좋게 상쾌하게 시작할 수 있습니다. 한편 아침에 외출할 때나 딸이 과외 수업에 갈 때는 서둘러 나가게 되어서 부엌을 깨끗하게 치우지 못할 때가 많습니다. 식사하고 난 뒤 설거지가 쌓여있기 마련이지요. 하지만 필요한 활동을 위해 외출하는 것이므로 크게 신경 쓰지 않습니다. 핀란드의 학부모들은 자녀들이 식사한 후 설거지를 곧바로 하지는 않습니다. 설거지가 또 쌓이기 마련이니 효율적으로 한꺼번에 하는 것이지요.

인생에서 중요한 행동이란 의미 있는 일, 수업, 친구와의 교류, 일, 운동 등입니다. 집안일은 집의 운영을 위해 최소한으로 해야 할 의무일 뿐, 우선순위에 포함되지는 않습니다.

31

가끔은 전문가에게 부탁하기

"집안일은 전부 스스로 하지 않아도 된다", "전문가에게 부탁해도 좋다"라는 생각을 갖는 편입니다. 자녀의 유무, 나이, 기혼인지 미혼인지를 떠나 가끔은 전문가에게 부탁해 집안일의 도움을 받습니다. 여러분도 스스로 전부 도맡아하려고 하지 말고 편안하게 생각해 전문가에게 요청할 수 있는 집안일이 무엇인지 찾아보세요. 좋은 아내, 엄마, 직원 이 모두를 완벽하게 소화하려고 하면 지쳐서 쓰러질 수밖에요.

| 마음의 여유가 생기면 가족의 시간에 평화가 찾아온다 |

핀란드인들이 주로 이용하는 전문가의 서비스는 다음과

같습니다.

- 집안 청소 (정리 이외에 구석구석 청소, 걸레질, 욕조, 화장실 청소)
- 창문 청소
- 정원과 잔디 관리
- 육아 도우미
- 집 인테리어 및 개조

이러한 서비스는 전문 회사에 의뢰하거나 여름방학 기간 동안은 아르바이트생에게 부탁하기도 합니다. 저도 집 청소, 창문 닦기를 의뢰한 적이 있고 육아 도우미는 수차례 부탁했지요. 노인 복지 센터에 계시는 아버지께는 아버지가 선호하는 직업훈련사께 의뢰하고 있습니다. 함께 정원 관리를 하거나 쇼핑하러 가줍니다. 그가 있어 줘서 제 일이 줄어들었고 덕분에 부담감으로부터 해방될 수 있습니다.

전부 혼자서 하려고 하면 피로에 지쳐 버티기 힘들어지고 매사에 짜증이 납니다. 최악의 사태까지 갈 수도 있지요. 그러한 마음가짐으로 가족을 대하는 것을 스스로도 원치 않을 것입니다. 전문가에게 가끔 도움을 받으면 아이들이나 남편과 보내는 시간이 평화로워지고 가족에게 상냥한 마음으로 대할 수 있어 건강한 일상이 유지됩니다.

또 일상의 여러 일들이 안정감을 찾고 시간과 마음에 여유가 생깁니다. 일어나 있는 시간을 단지 집안일이나 가족을 돌보는 일에만 사용하는 것이 아닌 자신을 돌보는 시간도 확보할 수 있습니다. '마이타임'을 가질 수 있는 확실한 방법이지요.

32

'마이타임'을 위한
육아환경을 확보하다

업무에 복귀하기 위해서는 우선 아이들의 유치원을 등록하지 않으면 안 됩니다. 한국과 일본 등은 유치원이 부족해서 경쟁이 심하다는 이야기를 들은 적이 있는데요, 핀란드에서는 집에서 다소 먼 거리이긴 해도 희망하는 곳에 들어갈 수 있습니다. 초등학교 저학년의 자녀의 경우 방과 후 수업 제도가 있어서 아이들이 수업을 들으며 회사 일을 마치고 돌아올 부모를 기다릴 수 있습니다.

어릴 때는 육아 도우미에게, 자라면서는 친구의 협조가 필요

회사에서 일하기 위한 육아환경을 마련함과 동시에 '마

이타임'을 위한 육아환경도 마련해야 합니다.

아이가 어릴 때는 육아 도우미에게 부탁하는 것이 일반적이지요. 저도 딸을 육아 도우미에게 맡기고 '마이타임'에 요가를 배우러 가거나 주말에 글을 쓰거나 또 밤에 친구를 만나기도 하고 가끔 이벤트에 참가하기도 했습니다. 요가나 운동하는 요일을 정해 그 시간만큼은 배우자나 부모님께 맡기는 것도 방법이지요. 육아를 맡아주는 분에게 부탁을 하면 물론 비용은 발생합니다. 그래서 아이가 조금 자라고부터는 무료로 육아 도우미를 대신할 대상을 찾아보기를 권합니다. 우선 같은 연령의 아이를 가진 가정과 협력하는 방법이 있습니다. 특히 공통의 관심사를 가진다면 더 바랄 것이 없겠지만 서로 보살펴주면 마음이 놓입니다. 자녀의 어린이집, 유치원, 학교에서 만난 가족과 함께 무언가를 즐기면서 서로 돕고 돈독하게 지내봅시다.

예를 들면 이런 방법이 있습니다.

• 플레이데이트를 한다(play date, 부모끼리 약속을 정하여 아이들이 함께 놀 수 있도록 하는 것)

서로의 집이나 근처 공원, 아이들이 즐거워하는 장소를 골라 기획하기, 한 쪽의 가족이 아이들을 보살펴주는 동안 다른 한 쪽의 부모는 데이트를 즐기면서 여유로운 시간을 즐깁니다.

- 서로의 집에서 머물기(서로 번갈아가면서 담당하기)
- 같은 학원에 다니는 경우 서로의 아이들을 마중하거나 데려다주기
- 아이들을 함께 등하교시키기
- 하교 후 서로의 집에서 놀기
- 학원 이외에 영화관, 콘서트를 보러 가는 등 취미생활을 함께하기(부모는 서로 번갈아가면서 동반)

그밖에도 비슷한 연령대의 손자가 있는 이웃의 어르신들과 함께 시간을 보내는 경우도 있습니다(이때는 다른 형태로라도 반드시 보답을 해드립니다). 조부모나 이모, 고모, 삼촌 등에게 부탁하기도 하지요. 다만 빈번하게 부탁을 하면 도우미 역할을 대신 맡긴다고 오해할지도 모르니 주의하도록 합시다. 아이들과의 시간을 즐길 수 있을 정도의 횟수로

정하고, 또 나이 드신 조부모의 경우는 활발한 아이들을 감당하기 힘들 때도 있으므로 신중하게 부탁드려야겠지요.

│ 혼자서 육아를 담당하려고 하지 않기 │

육아는 혼자서는 절대 할 수 없습니다. 부부가 둘이서 감당하기도 벅차므로 사양하지 말고 주변 사람들의 도움을 받아야 합니다. 여러분도 기꺼이 누군가가 도움을 준다면 받고, 서로 돕고 도움을 받는 것이니 민폐라고 생각하지 않아도 됩니다.

또 타인에게 아이를 부탁하는 것은 아이에게도 새로운 경험이 되고, 사회성을 기를 수 있는 기회가 됩니다. 다양한 가족의 형태, 가족의 관계를 알게 되고 애완동물이 있는 가족, 문화가 다른 가족들과 접촉하면서 간접적으로 여러 경험을 할 수 있습니다.

'마이타임'의 가치를 공감하는 친구를 찾아서 여러분 쪽에서 먼저 다가가 플레이데이트나 흥미로운 이벤트 등을 기획해보면 어떨까요.

33

확실한 서포트 환경을 만든다

지금까지 친구나 가족의 서포트 또는 *끈끈한* 유대관계에 대한 이야기를 풀어봤습니다. 이번은 그밖의 서포트에 대해 이야기를 해보고자 합니다. 만일 서포트 환경이 없다면 지금부터 만들기를 적극 권장합니다.

예를 들어 여러분은 누군가에게 의지하고 싶을 때, 가족이 아닌 사람에게 상담하고 싶을 때도 있지 않나요? 가족 이외에 자신을 지지해주고 힘을 실어주는 서포트 팀이 있음으로써 우리 가족 전체가 보호받는 느낌이 들게 됩니다. 핀란드에서도 마찬가지로 어린 자녀가 있는 가족은 항상 정신없는 전쟁과 같은 일상을 보내면서 사회로부터 고립되어가는 느낌을 받습니다. 가족 이외의 서포트는 친구나

이웃 사람 등 사적인 유대관계도 있지만 마을 지자체나 보조제도 등도 있습니다. 핀란드에서는 자원봉사로 한 부모 가정을 위한 대리부모나 대리조부모 등의 제도가 있습니다. 여러분의 나라에도 지자체에 따라 다양한 제도가 있다면 조사해서 문의해보기를 바랍니다.

무엇보다 중요한 것은 서포터 역할을 하는 사람도 무언가를 얻을 수 있는 제도를 만들어야 합니다. 울고불고 떼를 쓰는 아이를 미리 약속도 하지 않고 갑자기 맡기면 기꺼이 반기는 사람은 드물 것입니다. 또 노인의 경우 일상적으로 매일 아이를 돌보는 일은 힘이 듭니다. 서포트해주는 사람들에게 항상 친근하게 대하고 여러분도 동시에 그들의 서포터가 되어주어야 하겠습니다. 일상적인 서포트 팀이 없어도 걱정거리나 상담이 가능한 곳을 반드시 주변에서 찾아두기를 바랍니다. 다음과 같은 예를 참고해보세요.

- 학교나 어린이집, 유치원 선생님
- 학교나 진료소, 보건 담당 전문가
- 온라인 서포트 그룹 (게시판, SNS, 여러 육아 지원단체 등)

- 자신이나 배우자를 위한 헬스 케어 서포트나 카운슬링,
  심리상담사

가정생활 뿐 아니라 회사의 업무에서도 서포트 그룹이 있으면 든든합니다. 핀란드의 회사에서는 멘토(직무에 대해 지도를 해주는 같은 분야의 선임자, 선배)제도가 활발히 이루어 지는 편이어서 직무를 확실하게 설계할 수 있고, 업무에서 곤란을 겪는 상황을 잘 해결해 나갈 수 있도록 협력해 줍 니다. 반드시 멘토일 필요는 없지만 문제가 발생하거나 직 무에 대한 고민이 생길 때 상담할 수 있다면 큰 도움이 되 겠지요.

'마이타임'을 활용해 서포트 환경을 만들기

필요한 서포트 환경은 인생의 다양한 국면이나 뉴스에 따라 달라집니다. 예를 들면 자녀가 어릴 적에는 비슷한 어 린 자녀를 가진 사람과 교류가 잦게 됩니다. 휴직중인 경우 같은 환경에 놓인 사람들과 교류가 생깁니다. 투병생활을 하는 부모가 있으면 같은 환경에 처한 친구 등으로부터 기

관이나 병원에 대한 정보를 얻기도 합니다.

그리고 그것들을 구축하기 위한 '마이타임'을 활용해보기를 바랍니다. 취미나 지역과의 교류로 새로운 인맥을 만들어 자신이 공부하고 싶은 분야의 세미나 등에 참여해 보는 것입니다. 투자한 시간과 노력은 반드시 돌아갈 것입니다. 충실한 서포트 환경을 가짐에 따라 여러분 자신의 생활도 유연해져서 힘든 일에도 정신적인 지탱이 되어 이겨낼 용기를 얻게 됩니다. 나아가 '마이타임'을 갖기 쉬워지는 바람직한 환경이 생겨납니다.

34

집안일과 육아는
타인과 비교하지 않는다

여성이 가정을 이루고 아이를 키우고 그리고 회사에서 일을 하는 것이 주류가 된 지 수십 년이 지난 핀란드는 오랜 경험으로부터 현재의 여성들이 편안하게 가정생활을 하고 있다고 생각합니다. 핀란드에서는 남녀 모두 일로 바쁘기 때문에 중요하지 않은 일은 자연스럽게 생활에서 제외되고 있습니다. 회사 업무를 처리하는 일과 아이를 키우는 일모두 큰 책임이 필요하지요. 누구도 여러분에게 완벽함을 요구하지는 않습니다.

일을 하는 사람도 전업주부인 사람도 자녀가 있건 없건 상관없이 타인과 자신을 비교하지 않아야 합니다. 여러분은 여러분의 인생에서 중요하게 여기는 것을 하고 있는 것이니까요. 누구와 비교한다는 자체가 이상하지요.

하지만 좀처럼 어렵긴 합니다. 혼자서 살아가는 인생이 아닌 이상 타인과 비교하고 의기소침해 하거나 부러워하거나 하는 감정으로부터 벗어나기는 힘들지요. 저도 한때는 정말 완벽하게 정리정돈을 하고 사는 세련된 친구의 집이 무척이나 부러웠습니다. 제가 사는 집은 말하자면 정반대의 상태로 어디서부터 정리해야 할지 모를 정도로 현관은 스포츠 용품으로 발 디딜 틈 없고 딸의 방은 마치 작품 전시장처럼 그림으로 도배가 되어 있었습니다. 저와 딸은 스포츠, 취미 활동이 잦은 편이어서 그런 탓도 있습니다. 더군다나 제가 책을 집필하다보니 많은 시간 투자가 필요하고 집중력이 요구되는데 전혀 그런 환경을 갖추고 있지는 않아서 그저 그 친구의 집이 부럽기만 했습니다.

자신의 삶에 자신감을 갖도록

그렇다면 부러움만 쌓여가는 감정을 어떻게 대처하면 좋을까요. 핀란드의 학교에서는 자신의 개성이나 다름을 이해하고 존중하도록 개성을 드러내는 것을 권장하는 쪽입니다. 그것을 바탕으로 최근에 드디어 깨닫게 된 것은 '자신의 삶의 방식'을 밀고 나간다면 부러운 마음으로부터 해방될 수 있다는 점입니다. 저도 20대 때는 돈, 물건, 명예 등 행복한 인생을 보장해줄 것 같은 표면적인 화려함을 추구했었습니다. 하지만 그것들을 얻어도 행복하지는 않았던 것 같습니다. 30대에 접어들자 조금씩이지만 나만의 삶의 방식을 갖게 되고 그렇게 점차 세월이 흘러 지금의 제가 있게 되었습니다. 현재는 어떠하냐고 물으신다면, 행복합니다. 생활에 만족하고 있고, 물건에 대한 욕심도 없습니다. 정기적으로 내면의 소리에 귀를 기울이고 꿈꾸는 큰 꿈을 상기하면서 사람들과 원만하게 교제하고 마음가짐, 깊이 있는 사고, 학문 등 표면적이지 않은 것에 집중하려고 합니다. 자연에서 요가를 하며 심신을 안정시킵니다. 인생에서 진정으로 중요한 것은 무엇인가에 대해 항상 생각하고 의식합니다. 건강, 의식주에 소비하는 돈, 딸의 행복, 좋은 친구, 자신의 개성을 살릴 수 있는 직장, 이 모든 것과 지금까지 받은 수많은 은혜와 혜택에 대해 감사하는 마음을 갖고 살아갑니다.

생활에 만족하고 나답게 살아가는 방법을 터득함으로써

완벽함이 중요하지 않게 되었습니다. 누구와도 비교하거나 경쟁할 필요도 없게 되었지요. 나 자신 그 자체로 존재하는 것에 여유를 갖게 되었습니다.

여러분은 다른 사람이 될 수 없고, 다른 사람은 여러분이 될 수 없습니다. 자신만의 독자적인 방법으로 삶아가기를, 또 생활의 균형을 찾아가기를 바랍니다. 그렇게 되기 위해서는 스스로에 대해 자신감을 가져야합니다. 자신만의 방식, 자신만의 독창적인 삶을 추구해나가길 바랍니다. 그렇게 되면 쓸데없이 낭비되는 에너지로부터 해방되어 여러분은 지금보다 더욱 행복해지고 생활에 대한 만족함도 커지게 될 것입니다. 지금까지의 사회적인 관습에만 얽매이거나 누군가가 만든 이미지를 따라 그대로 살아가려고 노력하는 것은 아무런 의미가 없으며 그러한 욕망에는 한계도 없습니다.

사회에서 남과 같아야 한다는 인식이 강한 이유는 자신의 삶이나 개성에 대해 깊게 생각하는 것에 익숙하지 않아서이기도 합니다. 하지만 나다운 삶을 발견하면 진정으로 필요하지 않은 것을 쫓거나 나답지 않은 내가 되려고 노력하지 않게 되므로 그 시간과 노력을 다른 의미 있는 일에 할애할 수 있습니다. 그렇게 되면서 나만의 '마이타임'을 보다 많이 가질 수 있고 스스로 본래의 모습을 되찾기 위해 한 발 앞으로 나아갈 수 있게 됩니다.

온전히 나다워지는 시간은 언제인가요? 그리고 일상에서 이루고 싶은 꿈이나, 자신의 인생에서 바꾸고 싶은 것, 또 자신을 위해 배우고 싶은 것 등 리스트를 적어보세요.

_____

_____

_____

_____

_____

_____

_____

_____

_____

_____

_____

_____

35

불필요한 죄책감은 이제 그만

가족을 위해 집안일과 육아에 더욱 집중하려는데 바빠서 좀처럼 마음대로 되지 않을 때 죄책감이 밀려오고는 하지요. 특히 여성이 일과 육아를 병행하는 환경이 아직 안정되어 있지 않은 사회에서는 더욱 그런 감정을 갖게 되지 않을까 싶습니다. 죄책감은 자신에 대한 기대, 사회적 압박으로부터 오는 경우가 많고 복잡한 감정이 뒤섞여 생겨나리라 봅니다.

죄책감을 느끼는 상황은 많습니다. 예를 들면 직장에서 아이를 데리러 조금 일찍 퇴근하거나 아이가 갑자기 아파서 프로젝트 미팅 중에 먼저 빠져나와야 할 경우, 또 해야 할 집안일이 산더미처럼 쌓여 좀처럼 '마이타임'을 갖지 못해 아이, 배우자와의 시간도 충분히 만들지 못할 때…….
이처럼 반성은 끊임없이 계속됩니다.

하지만 사실 미안하다고 느끼는 사람은 여러분뿐이고, 주변은 특별히 신경 쓰지 않는 경우가 많습니다. 그런데 어째서 일부러 스스로 자신을 탓하고 질책하는 것인가요. 그럴 필요가 전혀 없는데 말이죠. 저는 죄책감을 느낄 때 이렇게 대처하려고 합니다. 죄책감이란 대개 다른 감정이나 스트레스와 함께 생기기 마련입니다.

- **해야 할 일을 한다**

  하지 않으면 안 된다고 생각하면서도 계속 미루게 될 때 막중한 스트레스를 느낍니다. 막상 해치워버리면 속이 후련해지고 상쾌한 마음이 되어 언제 죄책감을 느꼈나 싶을 정도일 것입니다.

- **운동을 하거나 휴식을 취한다**

  피곤해 지치거나 긴장을 하거나 하면 부정적인 생각을 하게 됩니다. 몸과 마음을 편히 쉬도록 하세요.

- **너무 신경 쓰지 말고 편하게 생각한다**

"미안한데"라고 느껴도 그대로 흘려보내도록 합니다. "나는 나답게 내 인생을 살아가면 되는 거야"라고 스스로에게 말해줍니다.

많은 책임을 지고 있는 자신을 받아들이도록 하세요. 무조건 휴식은 필요합니다. 물론 '마이타임'도 반드시 필요하지요.

자신을 소중히 여기면 가족의 행복으로 이어진다

'마이타임'을 갖는 것에 죄책감을 느낄 때가 더러 있습니다. 저도 오랜 시간 워킹을 하러 밖에 나갈 때 딸과 함께 있는 시간이 줄어든다는 생각에 미안한 마음이 들기도 합니다. 하지만 그때마다 되새깁니다. 자신의 몸과 건강의 소중하게 여기고 신경을 쓰는 엄마의 모습을 보고 딸도 본인 스스로 자신을 아낄 수 있도록 가르쳐 주는 것이라고 말입니다. 비만인데다 지병이 있는 엄마보다 건강한 엄마가 아이들을 훨씬 제대로 잘 보살필 수 있는 것임을 자연스럽게 느끼게 해 줄 것이라고 말이지요.

'마이타임'을 가지고 익숙해지기까지는 사람에 따라 다르겠지만 물론 시간이 듭니다. 자신을 소중히 여기는 것이 가족이나 주변 사람을 위한 것이라는 사실을 지금 한 번쯤 생각해 보길 바랍니다. 저는 30대에 마인드 풀니스(mind-fulness, 현재 상태에서 모든 의식을 동원해 있는 그대로 받아들이는 명상법), 불교, 요가를 시작한 덕분에 주체할 수 없는 감정이나 상황을 마주했을 때 집중력과 마음의 평화를 유지해 무엇이 중요한지를 판단할 수 있게 되었습니다. 그리고 난관에 부딪혔을 때 가장 먼저 떠올리는 말이 있는데 존경하는 틱낫한(Thich Nhat Hanh, 베트남 출신의 승려이자 시인이자 평화운동가)의 명언입니다.

"감정은 바람에 흩날리는 하늘의 구름처럼 이리저리 흔들립니다. 그 점을 의식해 깊이 호흡하다보면 땅에 다리가 닿게 됨을 느낍니다."

틱낫한의 말처럼 부정적인 감정에 지배당하기 쉬울 때 천천히 호흡을 하도록 해보세요. 안정을 찾고 다시 깊게 생각해보면 아무것도 아니었음을 느끼게 될 것입니다.

가족과의 소중한 인연

가족, 우리들은 항상 '가족'을 위해 매일 아침 일찍 일어나고 집안일을 하고 또 회사에서 일을 합니다. 수차례 강조한 말이지만 '마이타임'도 가족과의 더 나은 관계를 위해 반드시 필요하고 중요한 시간입니다. 그러므로 나만의 시간을 갖게 되면 그 가족, 배우자나 자녀들과 좋은 관계를 만들어나가지 못한다는 생각은 접어야 합니다.

이 칼럼에서는 핀란드 사람들의 가족관, 특히 제가 어릴 적부터 느껴왔던 생각과 현재 딸을 키우면서 느끼는 것들에 대해 풀어냈습니다. 여러분들이 제 이야기를 읽고 가족의 소중함에 대해 조금이라도 느끼는 점이 있다면 다행이라고 생각합니다.

● 가끔은 일대일로 지내기

나이가 들면서 "일이 많아서 아이, 남편이랑 충분한 시간을 보낼 수 없어서 후회가 된다"라는 사람들이 많은 듯합니다. 가족의 구성원과 각각 일대일로 둘 만의 시간을 갖고 특별하게 지내보기를 권합니다.

● 아침식사는 가급적 모두 함께

식사시간은 대화의 시간이기도 합니다. 특히 아이들은 가족과 함께 식사를 하면서 안정감을 느낀다고 합니다. 저녁식사가 어렵다면 아침식사를 가족 모두가 함께 하면서 하루의 일정에 대해 이야기 하거나 저녁식사에 대한 계획 등을 서로 나눠보세요.

● 일단 가족과 상의한다

식사 때만이 아닌 평소의 생각, 느낀 점은 되도록 숨김없이 가족과 소통하도록 합시다. 가족이라도 말하지 않으면 상대의 마음을 전부 알 수는 없지요. 초능력자가 아니니까요.

● 가족만의 특별한 이벤트를 만든다

가족만의 특별한 '무언가'를 만들어보세요. 예를 들면 야구를 좋아한다거나 강아지를 좋아한다든가 프랑스어를 함께 배워서 말해본다든가 장거리 러닝이나 테니스를 좋아한다거나 하는 등 무언가 공통 관심사를 가지면 일체감이 느껴져 가족 간의 정이 더욱 돈독해질 것입니다.

● **외부의 도움을 빌린다**

가족끼리 문제가 생겼을 때에는 가족 상담 전문가에게 상담을 받거나, 부부 클리닉, 정신과 전문의 등에게 도움을 빌려봅니다. 창피할 것은 없어요. 필요한 경우는 의지해야 하고 문제가 심각해지는 것을 예방할 수 있는 유일한 방법이라고 생각합니다. 또 믿을 수 있는 친구에게 상담하면 마음이 편해지기도 하겠지요. 내면의 목소리를 가슴 속에 담아두기만 하는 것은 결코 좋은 방법이 아닙니다.

| **딸과 돈독한 사이 만들기** |

저는 딸과 돈독한 관계를 만들기 위해 이러한 일들을 합니다.

- 체스나 보드게임을 함께 하고 승부에 대해 배우게 합니다.
- 함께 여행을 합니다. 1년에 한 번 꼴로 업무 출장을 갈 때 데리

고 가기도 합니다.

- 서머 코티지에 가서 핀란드의 전통을 가르치거나 어릴 적 이야기를 많이 들려줍니다. 전기가 없어서 촛불을 켜고 책을 읽거나 라디오를 듣기도 하고 지겨우면 숲속을 산책하거나 호수에서 헤엄치거나 하며 추억을 만듭니다.
- 자연 속에서 사계절의 변화를 몸소 느낄 수 있도록 합니다.
- 함께 보고 싶은 방송을 미리 골라두고 시청합니다(영어 공부가 되도록 영국 방송을 주로 보는 편입니다).
- 함께 책을 읽고 내용과 작가에 대해 서로 이야기합니다.
- 다투기도 하지만 빨리 풀려고 합니다.
- 느낀 점이나 생각한 점에 대해 서로 진지한 대화를 나눕니다.
- 여러 가지 것들 사소한 것을 포함해 서로 가르치고 배웁니다.
- 항상 부모로서 스스로의 행동을 분석합니다.
- 딸과 아버지의 관계에 대해 솔직하게 표현하려고 합니다.

저는 영국에 살고 있는 그의 가족에 대한 존경심을 가지고 있는데, 딸에게 자신의 몸속에 흐르는 영국의 전통을 잊지 않고 커가도록 가르치고 있습니다. 핀란드에서 살지만 영국에 대해 제대로 알고 배워야 한다고 생각합니다.

- 타인과의 교류를 소중하게 여기도록 가르칩니다. 주변 사람, 할머니, 할아버지, 친척, 친구 등과의 관계입니다.

한 아이의 엄마라고 해서 딸과의 끈끈한 관계에서 완벽할 필요는 없습니다. 항상 실패를 거듭해가면서 연습해나가고 있을 뿐입니다.

균형을 잃지 않도록 하기

✐ 매일 많은 역할을 해내고 있는 여러분, 균형 따위는 생각할 수 없을 정도로 바쁘시지요. 여러분이 해내고 있는 모든 역할을 정리해봅시다. 균형이 유지되고 있는지, 맡은 역할의 균형을 바꾸고 싶은지, 또는 바꿀 수 있는지 살펴봅니다. 물론 지금이 '최고'가 붙을 만큼 바쁠지라도 점차 자녀가 성장하면서 조금씩 마음의 여유가 생길 것입니다.

✐ 충분한 수면시간을 가지고 있나요? 가벼운 운동을 일상적으로 하고 있나요?

✐ 삶의 균형을 유지하는 데 있어서도 마이타임을 잊지마세요.

핀란드 사람의 생활을 참고해 실천해보기

✐ 핀란드식 가치관을 여러분의 일상에 접목할 수 있나요? (예를 들면 소중한 사람들의 행복을 첫 번째로 생각하고, 화려한 물건에 현혹되지 않는 것 등)

✐ 현재 여러분 마음의 평안과 행복감은 어느 정도인가요?

✍ 따로 노트를 마련해 자신의 일상에 대해 생각한 것을 적어둡시다. 지금은 어떤지, 앞으로 어떻게 바뀌고 싶은지, 꿈은 있는지, 여러분이 잘하는 것은 무엇이며 앞으로 배우고 싶은 것은 무엇인지, 또 가치관은 무엇인지에 대해 적어봅니다. 반드시 일기처럼 매일 적을 필요는 없습니다. 쓰고 싶을 때 기입해둡니다.

핀란드 부모와 같이 마이타임을 서로 공유하고 이야기하기

✍ 마이타임을 가지는 것에 대해 어떻게 생각하나요? 가족, 친구, 동료에게 말할 수 있나요?

✍ 친구나 동료는 어떤 취미를 가지고 있나요? 리스트를 만들어 봅시다. 모르면 직접 물어보고 적어봅니다. 주위 사람들은 일이나 집안일을 하지 않을 때에 무엇을 하고 있는지에 대해 알아봅니다.

✍ 자녀가 있는 경우, 함께 운동을 하는 것의 중요성에 대해 이야기 나눠주세요. 사이클링이나 수영 등 자녀와 함께 할 수 있는 스포츠가 있나요?

✍ 주변 지인들에게 마이타임에 대해 이야기해보세요.

부부가 갖는 커플타임을 활용해보기

⬦ 배우자와 특별한 날을 기획해봅시다(콘서트, 또는 피크닉이나 스포츠 등).

⬦ 평소에 일상적으로 배우자와 단 둘이 무언가를 해보세요. 자녀가 없던 신혼 때처럼 데이트를 해보면 어떨까요?

⬦ 잠시 바람이라도 쐴 겸 짧은 여행을 계획해보세요(산, 바다, 숲 등). 자연 속에서 시간을 보내면 몸과 마음이 평온해지고 진정한 휴식의 효과를 느낄 수 있습니다.

아침이라는 선택지

⬦ 일찍 일어나는 습관을 기를 수 있나요? (아이가 일어나기 전과 일하기 전, 무언가 즐거운 일 등) 자신을 위한 일을 하게 되지 않나요?

⬦ 아침에 일어나서 명상이나 요가를 하나요?

⬦ 각자의 체력을 고려한 나만을 위한 창조적인 일이나 스포츠를 할 수 있는 날은 하루 중 언제일까요? 자신의 몸 상태는 스스로 파악할 수 있어야 합니다.

마이타임을 위해서라도 육아환경 정비하기

✏ 자녀의 보육을 함께 도와 줄만한 친구를 알아봅니다. 여러분이 나서서 다 같이 어울릴 수 있도록 놀러가는 이벤트를 기획해봅니다.

✏ 자녀들을 위해 육아도우미를 물색해둡니다. 만일의 경우를 위해 부탁할 수 있는 사람을 확보하는 것이지요. 좋은 사람을 소개를 받고 싶으면 친구나 자녀의 학원 등에서 신뢰할 수 있는 사람을 소개받을 수 있는지 부탁해 보세요. 제 경우는 딸의 발레 선생님을 통해 믿을만한 육아도우미를 소개받았습니다.

오롯이 홀로 즐기는 밤의 휴식시간 보내기

✏ 밤 시간을 유용하게 즐기는 방법을 재검토해보길 바랍니다. 밤에 나만의 시간을 가질 수는 없나요?

✏ 여러분이 가장 편안함을 느끼는 때는 언제인가요?

✏ 출퇴근 시간에 주로 무엇을 하고 있나요?

'마이타임'은 인생의 기회입니다

현대인의 생활은 하지 않으면 안 되는 일로 가득해 정신없는 일상을 보냅니다. 어느 나라나 마찬가지입니다. 특히 가정을 꾸리고 자녀를 키우면서 회사에서 일을 한다거나 또는 복직을 하려는 상황이라면 시간과의 전쟁에서 이리저리 휘둘리거나, 엎친 데 덮친 격으로 부모님의 병간호까지 맡게 되는 현실일지도 모르겠습니다. 대부분의 나라에서는 경제적인 이유로 오랜 기간 출산휴가를 얻지 못하는 경우가 많고, 핀란드의 경우는 자신의 경력을 단절시키기 싫어서 쉬지 못하는 여성도 많습니다. 이러한 상황 속에서 우리에게 필요한 것은 역시나 '마이타임'입니다. 나만의 시간을 가지면서 마음의 안정을 취하고 기분전환을 해서 재충전하는 것이 무척 중요합니다. 가족을 소중하게 여기듯이 자신 스스로를 소중히 여겨 주기를 바랍니다. 여러분이 쓰러진다면 큰일입니다.

'마이타임'을 가지려면 아직은 주변 사람들을 잘 설득할 필요가 있을지도 모르겠습니다. 여러분은 전통적인 관습에 사로잡힌 여성이 아닌 '지금'을 살아가는 현대여성입니다. 집안일을 전부 혼자서 완벽하게 도맡아하는 것은 불가능합니다. 그러므로 가족과 함께 분담해서 해결해야 합니다. 유연한 업무 태도를 위해서는 상사 또는 회사 동료와 상의할 기회를 만들면 좋을 것 같습니다. 여성 잡지에 나올 법한 완벽함은 꿈꾸지 마세요. 여러분의 삶이나 가치관을 반영해 조정해보도록 합니다.

'마이타임'은 단순히 충전을 위한 시간만은 아닙니다. 자신이 가진 꿈, 또는 인생에서 하고자 하는 것을 실현하기 위한 아주 소중한 기회이기도 합니다. 인생에서 중요한 문제를 되돌아보고 새로운 기술을 연마하게 되거나 친구를 사귀기도 하며 우정이나 가족과의 유대감을 더 돈독히 만드는 좋은 계기를 가져다주기도 합니다.

'마이타임'을 생활 속에 포함시키면 생활에서 가장 중요한 균형을 유지할 수 있습니다. 분주한 일상 속에서 잠시나마 나만의 시간을 갖고 지나온 하루를 돌이켜보면서 미래를 계획하고 조정하는 생각의 정리를 통해 자신과 가족과의 균형을 이뤄 좋은 관계를 유지하도록 도와줍니다. 직장에서도 무엇이 필요한지 제대로 파악할 수 있는 판단력이 생깁니다.

회사일도 육아도 병간호도 어느 것 하나 간단하다고 할 수 없습니다. 인내력과 자기절제력, 자기관리, 자기평가, 사물을 바라보는 가치관을 변화시킬 필요가 있고 동시에 전통적인 사고나 사회로부터의 압박도 견뎌내야 합니다. 하지만 긍정적으로 인내하고 견뎌내면 분명 현대사회에서 살아남을 수 있는 단단한 마음을 가진 사회인이 되어갈 것입니다. 반드시 이뤄낼 수 있을 것입니다. 가장 중요한 것은 자신을 향한 배려의 마음, 믿음이겠지요.

끝까지 탐독해주신 여러분께 감사의 마음을 전합니다. 각박한 이 사회를 어떻게 살아가면 좋을지 고민이신 분들께서 '마이타임'을 갖게 되면 어느새 균형 잡힌 생활을 시작하게 될 것이라 믿습니다. 이제 저와 함께 첫 발을 내딛을 준비가 되셨는지요. 자, 시작해봅시다.

NOTE

NOTE

NOTE

NOTE

NOTE

오롯이 내가 되는 시간

MY TIME

지은이 모니카 루꼬넨
옮긴이 박선형

초판 1쇄   2020년 2월 20일

편집책임 김주현 | **담당편집** 성스레
디자인 표지 안태현 | **본문** 아울미디어 | **제작** 이기성
마케팅 사공성, 강승덕, 황재아

발행처   북커스
발행인   정의선
출판등록   2018호 5월 16일 제406-2018-000054호
주소   서울시 종로구 평창30길 10
전화   02-394-5981~2(편집), 031-955-6980(영업)

값 13,000원
ISBN 978-11-90118-09-5-03190